Die Wohngemeinschaft:

Gemeinsam Deutschland entdecken

Markus Rüsch

ASAHI Verlag

 Vorwort

Die Wohngemeinschaft ist ein Lehrbuch, das versucht, sowohl klassisch mit Fokus auf die buchinterne Erzählung Grundlagen des Deutschen zu vermitteln als auch die Lernenden mit der Lebensrealität in Deutschland in Kontakt zu bringen. Das Lehrbuch ist dazu in zwei Teile gegliedert. Der erste Teil (Lektionen 1–8) ist für 30 Sitzungen konzipiert, wobei diese vorzugsweise von einem Grammatikunterricht begleitet werden sollten. Der zweite Teil (Lektionen 9–16) soll für 60 Sitzungen Material liefern und verbindet die Übungen des Lehrbuchs eng mit der gegenwärtigen Lebenswelt in Deutschland.

Der erste Teil orientiert sich damit an einer klassischen Lehrbuchkonzeption, bei der die Aneignung bestimmter grammatikalischer Kompetenzen im Vordergrund steht. Der zweite Teil bietet den Lernenden größere Freiheit, entlang der eigenen Interessen die Deutschkenntnisse zu vertiefen. Durch die Auseinandersetzung mit natürlichen Texten soll sowohl ein Wissen des Lebens und Denkens in Deutschland erlangt als auch solche Deutschkompetenzen vermittelt werden, die für die Lernenden unmittelbare Relevanz haben.

Das sprachliche Ziel von *Die Wohngemeinschaft* liegt vornehmlich in der Vermittlung kommunikativer Kompetenzen in mündlicher sowie schriftlicher Form. Die Anwendungsbereiche innerhalb der Aufgaben sind so formuliert, dass sie es den Lernenden ermöglichen, die neuen Fähigkeiten leicht auf Situationen aus dem eigenen Leben anzuwenden. In den Lektionen 1 bis 8 greifen die Übungen nach den Dialogen in der Regel die dort neu auftretenden Elemente auf, sodass nicht notwendigerweise jede Übung absolviert werden muss, um alle zu vermittelnden Inhalte zu behandeln. Zur Prüfung der wichtigsten Inhalte der Lektionen 1 bis 8 findet sich nach diesen eine knappe Zusammenfassung der behandelten Grammatik und Redewendungen. In den Lektionen 9 bis 16 wird je ein Thema auf der zweiten beziehungsweise dritten Seite schwerpunkthaft behandelt mit Rücksicht auf die Kompetenzen Lesen, Schreiben und Sprechen. Eine Hörübung findet sich jeweils auf der ersten Seite jeder Lektion.

Die Zielgruppe von *Die Wohngemeinschaft* sind Lernende mit sehr guten oder muttersprachlichen Japanischkenntnissen. Dementsprechend sind alle Aufgaben sowie Erläuterungen auf Japanisch formuliert und enthalten einfache Anmerkungen auf Deutsch, sodass auch Lehrende mit geringen Japanischkenntnissen das Lehrbuch verwenden können. Die japanischen Anmerkungen sollen den Lernenden dazu dienen, sich das Deutsche Schritt für Schritt nicht nur intuitiv, sondern auch reflektiert anzueignen. Die vorgeschlagenen Aufgaben bieten genügend Raum für Gruppenarbeiten sowie die Erarbeitung eigener Texte. Im zweiten Teil baut das Lehrbuch vermehrt auf die Eigeninitiative der Lernenden, um ihnen die Einbindung aktueller Quellen ihrer eigenen Interessen zu erleichtern.

Die Audiodateien und Zusatzmaterialien wie zum Beispiel Wörterlisten finden sich auf der Homepage des Lehrbuchs.

Ich wünsche allen viel Freude beim Deutschlernen und Deutschland entdecken.

Markus Rüsch

Link und QR-Code zur Homepage des Lehrbuchs:
https://text.asahipress.com/free/german/wohngemeinschaft/index.html

まえがき

『ドイツ語シェアハウス』は、2つの目標を掲げています。一つ目は、教科書内の物語を中心にドイツ語の基礎を教えることです。もう一つは、学習者にドイツでの実生活に触れてもらうことです。そのため、教科書は2部からなります。前編（Lektion 1–8）は授業30回分を想定し、なるべく文法の授業と並行して行うことが望まれています。後編（Lektion 9–16）は授業60回分を想定し、練習問題は今現在のドイツと密接に繋げられるようにできています。

前編は、比較的オーソドックスな構造からなり、基礎的な文法の習得が主な目的です。後編は、学習者により自由を与え、自らの関心に合わせ具体的な学習内容を決められるようになっています。学習者は、そうした実生活から生まれたドイツ語を扱うことによってドイツの生活と思索を知り、また自分の生活に合ったドイツ語能力を身につけることができます。

『ドイツ語シェアハウス』が主に目指しているのは、会話と作文によるコミュニケーション能力です。学習内容は、自らの日常のシチュエーションに適用しやすいようになっています。前編の練習問題は、基本的に先にある会話で登場する新しい内容をベースにし、したがって学習者は必ずしもすべて練習問題を解く必要がありません。前編の学習内容を確認するためには、前編の後編の間にまとめがあります。後編は、2・3枚目が一つのテーマを中心に取り扱い、その中で「読む・書く・話す」という能力を養っていきます。「聴く」練習はすべてのLektionの最初にあります。

『ドイツ語シェアハウス』の対象学習層は、日本語の上級か母語レヴェルの能力を有する者です。そのため、練習問題と解説は日本語で説明されています。ドイツ語は、日本語初級レヴェルの教員も教科書を使えるように簡単に付されています。日本語による説明の意味は、学習者がドイツ語をなんとなくではなく、頭で理解した上で運用できるようになることです。掲載されている練習問題は、グループワークおよび作文の時間が多めにある授業を想定しています。さらに後編は、学習者の自発的な学習を必要とし、それよって自分の興味に合う最新の資料も授業に取り入れられるように構成されています。

オーディオファイルや単語リストなどの追加資料は特設ホームページからダウンロードできます。

この教科書をとおして、楽しくドイツ語を学習しドイツと親しくなることを心より念願しております。

リュウシュ マルクス

特設ホームページはこちら：
https://text.asahipress.com/free/german/wohngemeinschaft/index.html

主人公紹介
Vorstellung der Protagonisten

（登場順 In der Reihenfolge ihres Auftretens）

Martin

マーティン・ルター Martin Luther
アイスレーベン生 Geb. in Eisleben
アイスレーベン没 Gest. in Eisleben
宗教改革者 Reformator
95ヶ条の論題の公表者
　　Verfasser der 95 Thesen
聖書の訳者 Übersetzer der Bibel

Walter

ワルター・ベンヤミン Walter Benjamin
ベルリン生 Geb. in Berlin
ポルトボウ没 Gest. in Portbou
哲学者、文芸批評家 Philosoph,
　　Kulturkritiker
「複製技術時代の芸術」の著者
　　Autor von „Das Kunstwerk im
　　Zeitalter seiner technischen
　　Reproduzierbarkeit"

Hannah

ハナ・アーレント Hannah Arendt
ハノーファー生 Geb. in Linden
ニューヨーク没 Gest. in New York City
政治理論者 Vertreterin der Politischen
　　Theorie
『活動的生』の著者
　　Autorin von Vita activa oder Vom
　　tätigen Leben

Yoshizane

善信・藤井 Yoshizane Fujii
京都生 Geb. in Kyoto
京都没 Gest. in Kyoto
浄土真宗の開祖 Gründer der Jōdo Shinshū
親鸞として知られている Bekannt als Shinran
『教行信証』の著者
    Verfasser des *Kyō-gyō-shin-shō*

Elsa

エルザ・ノイマン Elsa Neumann
ベルリン生 Geb. in Berlin
ベルリン没 Gest. in Berlin
物理学者 Physikerin
研究者 Forscherin
物理学で初めて博士号を取得した女性
    Erste promovierte Frau im Fach Physik

Marlene

マレーネ・ディートリヒ Marlene Dietrich
ベルリン生 Geb. in Berlin
パリ没 Gest. in Paris
女優 Schauspielerin
歌手 Sängerin
『嘆きの天使』に出演
    Hauptrolle in „Der blaue Engel"

－ 前編 Erster Teil －

− 後編 Zweiter Teil −

母音・子音	名称	例
A/a	[aː]	Alexanderplatz
Ä/ä	[ɛː]	Ampelmännchen
B/b	[beː]	Berliner Dom
C/c	[t͡seː]	Currywurst
D/d	[deː]	Deutsche Oper
E/e	[eː]	Ernst-Reuter-Platz
F/f	[ɛf]	Fernsehturm
G/g	[geː]	Gedenkstätte Berliner Mauer
H/h	[haː]	Hackescher Markt
I/i	[iː]	Insel der Jugend
J/j	[jɔt]	Jüdisches Museum
K/k	[kaː]	Kurfürstendamm
L/l	[ɛl]	Lustgarten
M/m	[ɛm]	Museumsinsel
N/n	[ɛn]	Nikolaiviertel
O/o	[oː]	Oberbaumbrücke
Ö/ö	[øː]	Östlicher Berliner Ring
P/p	[peː]	Potsdamer Platz
Q/q	[kuː]	Quatsch Comedy Club
R/r	[ɛʁ]	Rotes Rathaus
S/s	[ɛs]	Siegessäule
ß	[ɛs't͡sɛt]	Straßenbahn
T/t	[teː]	Tiergarten
U/u	[uː]	Unter den Linden
Ü/ü	[yː]	Ückermünder Straße
V/v	[faʊ]	Volkspark Friedrichshain
W/w	[veː]	Weltzeituhr
X/x	[ɪks]	Xantener Straße
Y/y	['ʏpsilɔn]	Yorck-Kino
Z/z	[t͡sɛt]	Zoologischer Garten

文字	発音	例
文字の組み合わせ		
äu	oi	Käuzchensteig
ch	[ç]	Charité
	[χ]	Buch
chs	ks	Sachsenstraße
ei	ai	Hausvogteiplatz
eu	oi	Europacity
ie	i	Friedenau
ph	f	Philharmonie
sch	[ʃ]	Schloss Charlottenburg
sp	schp	Spree
st	scht	Stadtmitte
	st	Ostalgie
発音が実際にほとんど変わらない組み合わせ		
ck	k	Checkpoint Charlie
dt	t	Friedrichstadtpalast
rh	r	Rheinstraße
th	t	Theater des Westens
tz	z	Wittenbergplatz
文字が語尾になった場合		
-母音＋r	母音＋a	Brandenburger Tor
-b	p	ZOB (Zentraler Omnibusbahnhof)
-d	t	Grunewald
-g	k	Charlottenburg
-ig	[ɪç]	Borsigturm
-ng	[ŋ]	Wedding
-nk	[ŋk]	Wollankstraße
-tion	[t͡sioːn]	Innovationspark
-y	i	City West

＊すべての例はベルリンにちなんだ単語です。インターネットで調べてベルリン観光に行きましょう！

ドイツの地図
Karte von Deutschland

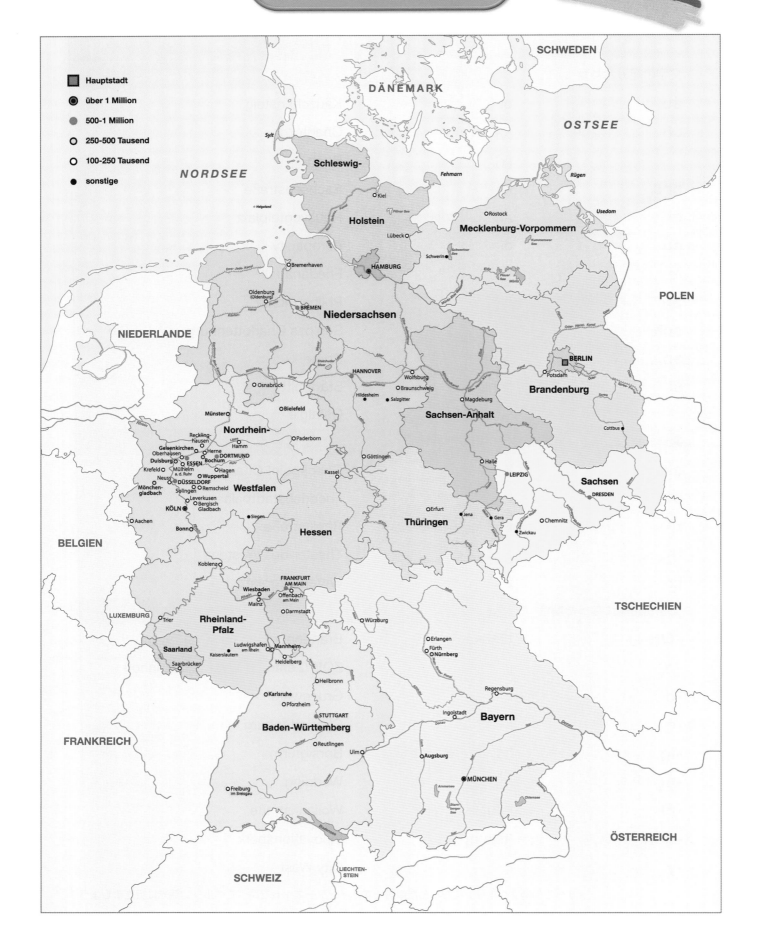

Legend:
- Hauptstadt
- über 1 Million
- 500-1 Million
- 250-500 Tausend
- 100-250 Tausend
- sonstige

SCHWEDEN

DÄNEMARK

OSTSEE

NORDSEE

Sylt

Fehmarn

Rügen

Usedom

Helgoland

Schleswig-Holstein

Kiel

Plöner See

Rostock

Mecklenburg-Vorpommern

Lübeck

Schweriner See

Schwerin

Kummerower See

HAMBURG

Bremerhaven

POLEN

Oldenburg (Oldenburg)

BREMEN

Niedersachsen

BERLIN

Potsdam

NIEDERLANDE

HANNOVER

Wolfsburg

Braunschweig

Brandenburg

Osnabrück

Hildesheim

Salzgitter

Magdeburg

Bielefeld

Münster

Sachsen-Anhalt

Cottbus

Nordrhein-

Paderborn

Recklinghausen

Hamm

Gelsenkirchen

Herne

DORTMUND

Göttingen

Halle

Oberhausen

Bochum

LEIPZIG

Duisburg

Hagen

Kassel

Krefeld

Mülheim a. d. Ruhr

Wuppertal

Sachsen

Neuss

DÜSSELDORF

DRESDEN

Mönchengladbach

Remscheid

Westfalen

Solingen

Leverkusen

Bergisch Gladbach

Erfurt

Jena

KÖLN

Gera

Chemnitz

Aachen

Siegen

Thüringen

Zwickau

Bonn

Hessen

BELGIEN

Koblenz

FRANKFURT AM MAIN

Wiesbaden

Offenbach am Main

LUXEMBURG

Mainz

TSCHECHIEN

Trier

Darmstadt

Rheinland-Pfalz

Würzburg

Erlangen

Saarland

Ludwigshafen am Rhein

Mannheim

Fürth

Nürnberg

Kaiserslautern

Saarbrücken

Heidelberg

Heilbronn

Regensburg

Karlsruhe

Pforzheim

Ingolstadt

STUTTGART

Bayern

Baden-Württemberg

FRANKREICH

Reutlingen

Ulm

Augsburg

Freiburg im Breisgau

MÜNCHEN

Ammersee

Starnberger See

Chiemsee

Bodensee

ÖSTERREICH

SCHWEIZ

LIECHTENSTEIN

Lektion 1

Wie heißen Sie?

Lektion 1 で学ぶ主な内容
- ドイツ語の発音
- 挨拶
- 自己紹介

Übung 1 練習 1

単語を聞き取りましょう！ Hören Sie die Worte von der Aufzeichnung.

Apfel	Auto	Baum	Blume	Buch
Bus	Fenster	Haus	Himmel	Hund
Katze	Kuh	Lampe	Maus	Milch
Mond	Mutter	Nase	Nacht	Oma
Papa	Pferd	Regen	Schaf	Schnee
Schule	Sonne	Stuhl	Tisch	Treppe
Uhr	Vater	Vogel	Wasser	Weg
Wind	Wolke	Zahn	Zitrone	Zucker

 Gespräch 1 会話 1

Martin はヴィッテンベルク（Wittenberg）から勉強のために、ベルリンの近くにあるポツダムに引っ越してきました。ですが、家賃が高かったため、ルームシェア（Wohngemeinschaft、略して WG）をすることに。ようやく良さそうなところを見つけ、契約を結ぶ前の顔合わせで、Martin は全員と初めて会います。 Martin ist zum Studium aus Wittenberg in die Nähe von Berlin, nach Potsdam, gezogen. Er besucht eine vielversprechend klingende WG zum Kennenlernen der anderen Bewohner.

Martin: Hallo, ich heiße Martin.

Hannah: Hallo Martin. Schön dich kennenzulernen!

Martin: Vielen Dank. Wie heißt du?

Hannah: Ich heiße Hannah.

Martin: Und wie heißt ihr?

Walter: Ich heiße Walter...

Yoshizane: ...und ich bin Yoshizane.

Martin: Ihr wohnt hier?

Hannah: Ja, wir wohnen hier. Wo wohnst du jetzt?

Martin: Ich wohne jetzt in Potsdam.

Hannah: Woher kommst du?

Martin: Ich komme aus Eisleben. Und du?

Hannah: Ich komme aus Hannover.

Martin: Und woher kommt ihr?

Walter: Ich komme aus Berlin.

Yoshizane: Ich komme aus Japan, aus Kyoto.

...

このあとも会話はさらに続き、4 人は仲良くなっていきます。 Die vier kommen gut ins Gespräch und freunden sich an.

Übung 2 練習2

前のページの会話には、さまざまな主語が出てきました。主語によって動詞の語尾が変わるのはドイツ語の基本ですが、会話の文章を理解した上で以下の表の空欄を埋めてください。Ergänzen Sie auf Grundlage des Dialogs die untenstehende Tabelle.

			heißen	kommen	wohnen
単数	一人称	ich			
	二人称	du			
	三人称	er/sie/es	heißt	kommt	wohnt
複数	一人称	wir	heißen	kommen	
	二人称	ihr			
	三人称	sie/Sie	heißen	kommen	wohnen

 Gruppenarbeit 1 アクティビティ1

今回学んだドイツ語をグループワークで使ってみましょう！最初は実際に生まれた、そして現在住んでいる街を例に練習し、その後ドイツとその周辺の国名を使いながら、お互いに質問し合いましょう。Verwenden Sie die neuen Ausdrücke in einer Gruppenarbeit. Beginnen Sie zunächst damit, über ihren tatsächlichen Geburts- und Wohnort zu sprechen. Verwenden Sie danach auch andere Länder- und Städtenamen.

Praktische Formulierungen 便利なフレーズ

聞いたことのない都市や国などの綴りを知りたいときは、次の質問で確認できます。Erkundigen Sie sich nach der Schreibung einer unbekannten Stadt oder eines Ihnen nicht vertrauten Landes.

Wie schreibt man das? - Man schreibt das ....　　**Wie buchstabiert man das?**

 Gruppenarbeit 2 アクティビティ2

自己紹介の会話をしてみましょう。その中で、綴りの質問も取り入れ、ドイツ語のアルファベットの発音を身につけましょう。 Üben Sie in der Gruppe, sich auf Deutsch vorzustellen, und fragen Sie dabei möglichst oft nach der Schreibweise bestimmter Wörter.

Ländernamen 国名

Belgien	ベルギー	Luxemburg	ルクセンブルク
Dänemark	デンマーク	Niederlande	オランダ
Deutschland	ドイツ	Österreich	オーストリア
Frankreich	フランス	Polen	ポーランド
Großbritannien	イギリス	Schweiz	スイス
Italien	イタリア	Tschechien	チェコ ...

Gespräch 2 **会話2**

Martinたちの会話が盛り上がっているところに、もう一人のルームシェアメンバーが登場しました。まずは互いの専攻について尋ね合います。 Eine weitere Mitbewohnerin kommt dazu und sie sprechen über ihre Studienfächer.

Elsa:	Guten Tag! Du bist Martin?
Martin:	Ja, und wie heißt du?
Elsa:	Ich bin Elsa. Studierst du in Berlin?
Martin:	Ja, ich studiere Theologie. Und was studierst du?
Elsa:	Ich studiere Physik.
Martin:	Was studiert ihr eigentlich?
Hannah:	Ich studiere Philosophie...
Yoshizane:	... ich Religionswissenschaft ...
Walter:	... und ich Germanistik.

会話はさらに弾みますが、やがて帰る時間になりました。
Schließlich muss sich Martin verabschieden.

Martin:	Vielen Dank für heute!
Hannah:	Vielen Dank und bis bald.
Martin:	Ja, bis bald.
Walter:	Auf Wiedersehen!
Elsa, Yoshizane:	Tschüss.

こうして5人は仲良くなりました。Martinはもうすぐルームシェアメンバーになります。 Alle fünf konnten sich anfreunden und Martin kann bald in die WG ziehen.

 Übung 3 **練習3**

新入生の会話を聞き、表を埋めましょう。 Hören Sie den Dialog dreier Studierender und ergänzen Sie die Tabelle.

	名前	出身	住んでいる都市	専攻
1				
2				
3				

Gruppenarbeit 3 アクティビティ 3

Duzen und Siezen　親称と敬称

このLektionの会話は、学生同士だったため、親称で呼び合っています。ドイツでは基本的に、友だち関係のない大人（特に社会人）には敬称を使います。大人と子供との会話では、大人が親称を使うのに対し子供が敬称を使うことがありますが、大人同士ならお互いに親称か、お互いに敬称のどちらかになります。例えば、社長が部下に対して親称を使っているのに部下が敬称を使う、といったことはまずありません。

さて、自己紹介を敬称で練習してみましょう。　Üben Sie das Siezen im Dialog zur Selbstvorstellung.

 Gruppenarbeit 4 アクティビティ 4

このLektionで学んだ表現を使ってみましょう。
クラス内でインタビューし、敬称で名前・出身地・住んでいる都市・専攻を尋ねましょう。聞き取れない単語があったら「Wie schreibt man das?」で丁寧に教えてもらいましょう。

Verwenden Sie die Wendungen, die Sie in dieser Lektion gelernt haben, indem Sie Interviews mit Ihren Kommiliton*inn*en führen.

Studienfächer　専攻名

Anglistik　英文学	Maschinenbau　工学
Archäologie　考古学	Mathematik　数学
Betriebswirtschaftslehre　経営管理学	Medizin　医学
Design und Kunst　生活造形学	Pädagogik / Erziehungswissenschaft　教育学
Germanistik　ドイツ文学	Theologie　神学
Geschichte　歴史学	Philosophie　哲学
Informatik　情報学	Physik　物理学
Japanische Literatur　日本文学	Politikwissenschaft　政治学
Japanologie　日本学	Psychologie　心理学
Jura / Rechtswissenschaft　法学	Religionswissenschaft　宗教学
Kinderpädagogik　児童教育学	Soziologie　社会学
Lebensmittel- und Ernährungs-wissenschaft　食物栄養学	Volkswirtschaftslehre　国民経済学
	Wirtschaftswissenschaft　経済学

Abflug
Departure

Ankunft 1 →
Arrival 1

ドイツの話 Über Deutschland

Von Japan nach Deutschland
日本からドイツへ

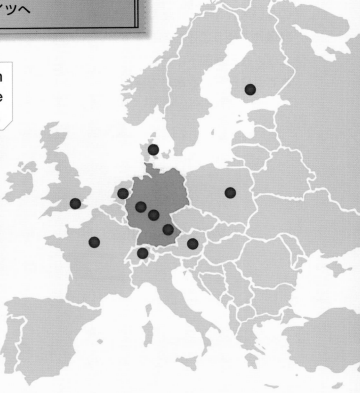

Man kann von Japan direkt in drei großen deutschen Flughäfen landen. Es gibt auch viele praktische Flughäfen außerhalb Deutschlands.

　日本からドイツへ行くときは、基本的に飛行機を利用します。旅行シーズンになると、飛行機代が高い上に、予約がとりにくい場合が多いですが、逆にそうした時期を避けると意外と安く行けることもあります。どのルートで行ったら最も便利なのかは目的地によるので、ドイツに行きたいからと言って「ドイツ国内の国際航空ならどこでも良し」とは限りません。

　まずは日本からの直行便を確認しましょう。その場合は、ドイツか日本の航空会社となり、利用するドイツの空港はフランクフルト、ミュンヘン、デュッセルドルフのいずれかになります。直行便で行くことに越したことはありませんが、飛行機代が高い場合が多いです。

　乗り換えを一つ入れるだけで安く行けることは多々あります。その際によく利用されているのは、ドイツの周辺にあるヨーロッパの大都市の国際空港です（上の地図の北から反時計回り順に、ヘルシンキ、コペンハーゲン、アムステルダム、ロンドン、パリ、チューリッヒ、ウィーン、ワルシャワの国際空港）。

　値段が安くなる可能性に加え、上記の空港を利用した方が時間的なメリットがある場合も少なくありません。例えば、ハンブルクが最終目的地であれば、先に挙げたドイツの空港よりコペンハーゲンの方が近いので、意外とドイツ国外の空港を経由して行った方が早いときがあります。しかも、シェンゲン圏であれば、入国手続きは一回で終わります。シェンゲン圏については次のLektionでみていきましょう。

ドイツ語のことわざや不思議なドイツ語コーナー

Deutsche Sprichwörter und witziges Deutsch

Das ist mir Wurst!　「これは私にとってソーセージだ！」

この表現は「**それは私にはどうでもいいことだ**」を意味します。由来は諸説がありますが、一説によればソーセージは左も右も同じ形をしているため、どこから食べても同じこと、ということからきているそうです。

Du Pflaume!　「あなたはプラムだ！」

役に立たない人に対して「Pflaume」という言い方を使うことがあります。しかし、真剣な場面で使うことはまずなく、友達同士で「**あんたアホやな**」という程度で、笑いながら使う表現です。

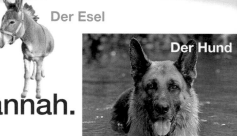
Der Esel

Der Hund

Lektion 2
Das ist meine Freundin Hannah.

Der Fuchs

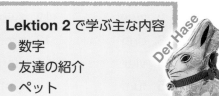
Der Hase

Lektion 2で学ぶ主な内容
- 数字
- 友達の紹介
- ペット

Das Pferd

Die Maus

Der Elefant

Die Ziege

Das Eichhörnchen

Das Schaf

Die Kuh

Die Katze

Übung 1 練習1

数字の作り方と発音を練習しましょう！ Üben Sie die Aussprache der Zahlen.

0 null	10 zehn	20 zwanzig	95 fünfundneunzig
1 eins	11 elf	21 einundzwanzig	100 einhundert
2 zwei	12 zwölf	22 zweiundzwanzig	101 einhunderteins
3 drei	13 dreizehn	30 dreißig	110 einhundertzehn
4 vier	14 vierzehn	40 vierzig	111 einhundertelf
5 fünf	15 fünfzehn	50 fünfzig	121 einhundertein-
6 sechs	16 sechzehn	60 sechzig	undzwanzig
7 sieben	17 siebzehn	70 siebzig	1000 eintausend
8 acht	18 achtzehn	80 achtzig	1141 eintausendein-
9 neun	19 neunzehn	90 neunzig	hunderteinundvierzig

・「+10」は「...zehn」であるのに対し、「x10」は「...zig」です。
・13からのルール：ドイツ語の数字で最も気をつけなければならないのは1と10の位です。
　13=3+10: dreizehn ; 21＝1+20: einundzwanzig → 1の位 + und + 10の位
・他の位は書いてある通りに発音します。1234: eintausendzweihundertvier**und**dreißig

Gespräch 1 会話1

06

顔合わせが終わったあと、HannahはMartinをマンションの入り口まで見送りました。そして最後に連絡先を交換しなければと思い、携帯電話の番号を尋ねます。Nach dem Kennenlernen verabschiedet Hannah Martin am Hauseingang. Die beiden tauschen ihre Telefonnummern aus.

Martin: Vielen Dank für heute.

Hannah: Gerne! Ich freue mich aufs Wiedersehen!

Martin: Wie ist deine Handynummer?

Hannah: Meine Handynummer ist 0172 27689410.

Martin: 0172 27689537?

Hannah: Nein, nicht 537, sondern 410: 0172 27689410.

Martin: Alles klar, 410! Meine Handynummer ist 0163 29036019.

Hannah: Danke! Richtig?（Hannahはその瞬間に確認のためMartinに入力した番号を見せます）

Martin: Ja, richtig. Bis bald!

Hannah: Bis bald!

日本の国番号は +81 に対し、ドイツの国番号は +49 です。ドイツの電話番号は、固定電話の場合3桁の市外局番で始まり、携帯電話の場合は4桁が多いです。

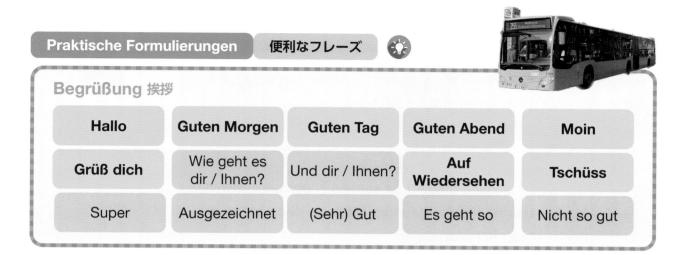

Praktische Formulierungen　便利なフレーズ

Begrüßung 挨拶

Hallo	**Guten Morgen**	**Guten Tag**	**Guten Abend**	**Moin**
Grüß dich	**Wie geht es dir / Ihnen?**	Und dir / Ihnen?	**Auf Wiedersehen**	**Tschüss**
Super	Ausgezeichnet	(Sehr) Gut	Es geht so	Nicht so gut

Gruppenarbeit 1　アクティビティ1

学んだドイツ語をグループワークで使ってみましょう！　Lektion 1で習った表現も使いながら会話を練習しましょう。Verwenden Sie die bisher gelernten Formulierungen in der Gruppe.

例）
- ● Guten Morgen! Wie heißt du?
- ▲ Ich heiße Martin. Und du?
- ● Ich heiße Hannah. Wie geht es dir? …

> これまでの疑問詞
> Wie：どのように
> Wo：どこ
> Woher：どこから

Gruppenarbeit 2　アクティビティ2

Zahlenbingo

クラスで以下の表を使って、Bingoを行ってください。1人は司会者で、好きな数字をランダムに言います。言われた数字が表にあればバツで印をつけましょう。自分の表の中に、縦・横・斜めのいずれかにバツの付いた数字が5つ並べば勝ちです。誰かが勝ったら、司会を交代しましょう。Wählen Sie nacheinander eine*n Spielleiter*in und spielen Sie Bingo. Wer eine Reihe von fünf Zahlen hat, gewinnt.

13	29	43	54	66
7	22	36	48	71
14	26	38	50	64
5	19	31	47	68
10	23	35	56	69

16	28	49	55	62
2	21	34	44	70
11	20	37	51	61
6	25	42	53	63
9	30	45	57	67

18	27	46	59	61
1	24	39	52	65
12	31	40	50	63
4	26	47	56	68
15	32	41	53	69

17	23	42	58	66
8	22	33	49	72
19	30	36	54	64
3	27	40	55	67
14	25	35	51	70

20	24	41	57	63
5	29	38	46	71
15	26	34	52	62
7	28	43	59	69
12	33	44	56	68

Rechnen

次に、簡単な計算をしましょう。数式の言い方は極めて簡単です。Führen Sie leichte Rechenaufgaben auf Deutsch aus.

Was ist X < + - x / > Y.
足す　：plus　　引く：minus
掛ける：mal　　割る：durch

例）Was ist fünf mal drei?
　　– Fünf mal drei ist fünfzehn.

Gespräch 2 会話2 💬

Martin はベルリンの家がたいへん気に入ったので、後日改めて訪れることにしました。
今度は、前回いなかったもう一人の同居者を紹介してもらいます。
Martin hat die WG sehr gefallen und besucht sie deshalb ein paar Tage später erneut.

Hannah: Hallo Martin! Marlene, das ist Martin. Er kommt aus Eisleben und wohnt jetzt in Potsdam. Er studiert Theologie in Berlin. Martin, das ist meine Freundin Marlene. Sie kommt aus Berlin. Sie ist Schauspielerin.

Martin: Hallo Marlene, ich freue mich, dich kennenzulernen.

Marlene: Hallo Martin, ich freue mich auch.

> sein の活用
> ich bin
> du bist
> er/sie/es ist
> wir sind
> ihr seid
> sie/Sie sind

Martin は、以前から気になっていたペットのことを質問しました。
Auch dieses Mal verstehen sich alle gut und sie sprechen über Haustiere.

Martin: Habt ihr Haustiere?

Hannah: Nein, wir haben keine Haustiere. Und du?

Martin: Ich habe einen Hund. Er ist 6 Jahre alt.

Marlene: Du hast einen Hund! Wie schön!

Martin: Mein Hund ist kein Problem?

Hannah: Nein, kein Problem! Hunde sind toll.

> haben の活用
> ich habe
> du hast
> er/sie/es hat
> wir haben
> ihr habt
> sie/Sie haben

ペットの問題が無事解決できたので、Martin は安心してぜひ近い内に引っ越ししたいと伝えます。
ルームメンバー全員も Martin とよく気が合ったので、すぐに引っ越してもらうことになりました。
Da Martin das Problem mit seinem Haustier klären konnte, beschließt er, bald umzuziehen.

Übung 2 練習2

Martin の自己紹介を読んで、1〜8の文章から正しいものを選んでください。
Lesen Sie den untenstehenden Text und prüfen Sie danach, welche der Aussagen 1-8 korrekt sind.

Ich heiße Martin. Ich komme aus Eisleben, aber wohne jetzt in Berlin. Ich studiere Theologie. Theologie ist sehr spannend. Ich lerne auch Griechisch. Griechisch ist sehr schwierig. Ich jobbe in der Bibliothek und habe einen Hund.

Meine Freundin Hannah kommt aus Hannover und wohnt in Berlin. Hannah studiert Philosophie und lernt auch Griechisch. Sie hat kein Haustier. Mein Freund Walter kommt aus Berlin und studiert Germanistik. Er lernt Französisch und Italienisch und ist oft in der Bibliothek.

1. Hannah kommt aus Niedersachsen.
2. Martin kommt aus Thüringen.
3. Martin und Hannah lernen Griechisch.
4. Walter hat einen Hund
5. Martin, Hannah und Walter studieren.
6. Walter jobbt jetzt in der Bibliothek.

Übung 3 練習3 ✎

練習2の文章に倣って、自己紹介を書きましょう。友達を紹介したり、飼っているペットについても教えてください。自己紹介ができたら、今度は有名人や歴史上の人物になりきって書いてみましょう。さまざまな単語を使いながら正しい話法をしっかり身につけましょう。Schreiben Sie eine Selbstvorstellung ähnlich zu Übung 2. Schreiben Sie zu Übungszwecken auch Vorstellungstexte berühmter Personen.

冠詞

	定冠詞				不定冠詞			
	男	女	中	複	男	女	中	複
1格	der	die	das	die	ein	eine	ein	-
4格	den	die	das	die	einen	eine	ein	-

	否定冠詞				所有冠詞			
	男	女	中	複	男	女	中	複
1格	kein	keine	kein	keine	mein	meine	mein	meine
4格	keinen	keine	kein	keine	meinen	meine	mein	meine

冠詞はドイツ語では極めて重要なので、使い分けと活用をよく覚えておきましょう。
別の冠詞でも同じ性と格だと語尾が変わらないことが多いので、一種類の冠詞をしっかり覚えておけば、残りはとても簡単です。

Gruppenarbeit 3 アクティビティ3 💬

自己紹介の内容をベースに会話してみてください。簡単な質問に加え、以下のような質問も使って会話を進めましょう。Sprechen Sie in der Gruppe über sich auf Grundlage der Selbstvorstellungen.

・あなたの友達の名前は何ですか？　　　ドイツ語：＿＿＿＿＿＿＿＿＿＿＿＿

・あなたの友達はどこ出身ですか？　　　ドイツ語：＿＿＿＿＿＿＿＿＿＿＿＿

・あなたの友達はペットを飼っていますか？　ドイツ語：＿＿＿＿＿＿＿＿＿＿＿＿

Gruppenarbeit 4 アクティビティ4 ✎💬

日常の身近な物や動物を考えて、そのドイツ語を下の表に入れてください。その後、2つのサイコロを振り、サイコロの目に合わせてそれを持っているかどうかを互いに聞き合いましょう。Tragen Sie Dinge oder Tiere aus ihrem Alltag in die Tabelle ein. Würfeln Sie danach mit zwei Würfeln und fragen ein Gruppenmitglied, ob es den jeweiligen Gegenstand bzw. das Tier besitzt.

	1	2	3	4	5	6
1·2	das Lehrbuch					
3·4						
5·6						

（サイコロがなければ、ネットで検索できるデジタルのサイコロを使ってみてください。）

ドイツの話　Über Deutschland

Der Schengen-Raum
シェンゲン圏

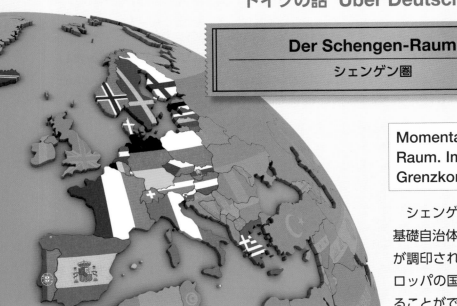

> Momentan sind 27 Länder im Schengen-Raum. Im Schengen-Raum gibt es keine Grenzkontrollen.

　シェンゲン (Schengen) とはルクセンブルクの基礎自治体のひとつで、1985年にシェンゲン協定が調印された場所です。その協定を締結したヨーロッパの国家間では、国境検査なしで国境を越えることができます。

　シェンゲン圏はヨーロッパで移動する人にとってたいへん便利な領域です。なぜなら、例えばドイツからフランスに入国したとしてもパスポートチェックがないからです。紛らわしいですが、シェンゲン圏はEU圏とは別で、シェンゲン圏に加盟していないEUの国もあれば、EU圏に加盟していないシェンゲンの国もあります。前者の例はアイランドで、後者の例はスイスです。パスポートチェックが不要になる規則は、シェンゲン圏内の国を国籍とする人だけに該当するのではなく、シェンゲン圏外からの旅行者にも該当しますので、旅行はとても楽になります。

　しかも、ユーロが導入されたことによって、ドイツから近くの外国に行っても、言語が変わること以外、特に外国に行ったという感覚は非常に薄いと言えます。シェンゲン圏ができたことには、多くの理由があると思われますが、移動の自由の他に観光と貿易の促進が期待されていました。また、犯罪防止の役割もあり、シェンゲン圏の国々はそのための情報を共有し、共同で対策に取り組んでいます。

ドイツ語のことわざや不思議なドイツ語コーナー

Deutsche Sprichwörter und witziges Deutsch

Die Daumen drücken　　「親指を押す」
上記の表現は「**成功を祈る**」を意味します。この言い方は古代ローマ時代に由来し、剣闘士の試合では観客が指を上か下にする合図で敗者の助命・処刑を決めた習慣からきているそうです。今日のドイツでは、家族や友達に重要な試験などがあったとき、「親指を押しておくからね」という言い方で励まします。

Mensch!「人間よ」　　**Junge Junge!**「少年よ」　　**Mann, Mann, Mann**「男、男、男」
どれもびっくりしたときに使う表現です。例えば、「もういいから」(Mensch, hör auf!)、「やばいなぁ」(Junge Junge)、「呆れた！」(Mann, Mann, Mann) といった形で使います。

Lektion 3
Wie viel kostet das?

Lektion 3 で学ぶ主な内容
- 買い物
- 感想
- 注文

Milch

Fisch

Fleisch

Brot

Käse

Banane

Ananas

Butter

Kohl

Möhre

Kürbis

Blaubeeren

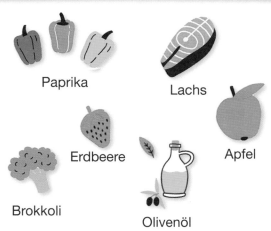

Paprika

Lachs

Erdbeere

Apfel

Brokkoli

Olivenöl

Übung 1　**練習1**

辞書を使わずに日本語とそれに合うドイツ語とを線で結んでください。また、日本語と英語の発音と比較し、ドイツ語の単語の右に発音に関して注意すべき点を説明してみてください。Verbinden Sie die japanischen Wörter mit den deutschen Übersetzungen ohne Zuhilfenahme eines Wörterbuchs. Notieren Sie sich die Besonderheiten der Aussprache rechts.

トマト　・　　　　・ Salat ＿＿＿＿＿＿

パン　　・　　　　・ Bohne ＿＿＿＿＿＿

キーウィ　・　　　・ Apfel ＿＿＿＿＿＿

コーヒー　・　　　・ Tee ＿＿＿＿＿＿

茶　　　・　　　　・ Brot ＿＿＿＿＿＿

レタス　・　　　　・ Tomate 「ma」は長音

バナナ　・　　　　・ Banane ＿＿＿＿＿＿

豆　　　・　　　　・ Melone ＿＿＿＿＿＿

メロン　・　　　　・ Kaffee ＿＿＿＿＿＿

リンゴ　・　　　　・ Kiwi ＿＿＿＿＿＿

 Gespräch 1　**会話1**

Martin は無事にベルリンに引っ越してきました。Yoshizane の案内で、2人は家の近くにある市場で晩御飯の買い物をします。Martin konnte nach Berlin ziehen und Yoshizane stellt ihm einen nahegelegenen Markt vor.

Martin: 　　　Guten Tag.

Verkäuferin: Guten Tag, wie kann ich Ihnen helfen?

M: Hallo, ich hätte gern etwas Gemüse. Was haben Sie heute im Angebot?

V: Wir haben frische Tomaten, Paprika, Gurken, Möhren und Zucchini. Eine Tomate kostet 40 Cent und eine Paprika 50 Cent.

M: Das ist sehr billig. Ich hätte gern 5 Tomaten und 3 Paprika. Was ist das?

V: Das sind Zucchini. Eine kostet 90 Cent.

M: Dann nehme ich 2 davon.

V: Sonst noch etwas?

M: Ja, ich hätte auch gerne Möhren. Was kosten die?

V: 1 Kilogramm kostet 2,30 Euro.

M: Gut, dann nehme ich noch 1 Kilogramm Möhren.

> ドイツでは、定期的に行われる屋外市場（Markt）があります。特定の広場で決まった曜日にできる買い物の場で、食品から洋服まで様々な物が売られています。新鮮かつローカルな物が買える機会ですので、地元の人も喜んで利用する場所です。

V: Sonst noch etwas?

M: Nein, das ist alles.

V: Das macht dann 7,60 Euro. – Danke. 2,40 Euro zurück.

M: Danke und einen schönen Tag noch.

Praktische Formulierungen　便利なフレーズ

普段、店やレストランで注文する際に使うフレーズのバリエーションは
それほど多くありません。なかでも主なものは次の表現です。Die folgenden
Formulierungen helfen beim Bestellen in einem Geschäft oder Restaurant.

Ich hätte gerne / Ich nehme / Ich möchte / Für mich bitte ...

Übung 2　練習2

なお、上のフレーズの最後に、注文したい物の単語を冠詞（4格）とともに入れますが、冠詞の正しい使い分
けはどう説明したら良いでしょうか。例文をドイツ語に訳し、使い分けを説明できるようになりましょう。
名詞の変化にも注意を払う必要があります。Übersetzen Sie die Beispielsätze und erläutern den Unterschied der Artikel.

不定冠詞・数詞	私はパン一個とMohnschnecke二個にします。	（使い方）
定冠詞	私は（パプリカではなくこの）レタスにします。	特定のもの
無冠詞	私は（二個以上の）リンゴが欲しいです。	
否定冠詞	私はメロンが要りません。	

（カッコ内の日本語はドイツ語に翻訳する必要はありません。）

---

nehmen の活用

ich nehme
du nimmst
er/sie/es nimmt
wir nehmen
ihr nehmt
sie/Sie nehmen

möchten の活用

ich möchte
du möchtest
er/sie/es möchte
wir möchten
ihr möchtet
sie/Sie möchten

複数形の調べ方
名詞の複数形を作るには多くのルールがあり、
変則的な作り方も少なくありません。そのため、
最初にはすべてのルールを覚えるより、辞書で
調べて少しずつ感覚を養った方が早いかもしれ
ません。辞書には次のような書き方が基本です。
Salat 男, -e → Salate
Apfel 男, Äpfel （「¨ -」という書き方もあります）
Obst 中, なし → 複数形がない

Gruppenarbeit 1　アクティビティ1

下の店の中から一軒を選んで、その場面に相応しいさまざまな単語を調べてください。すべてのグループメ
ンバーがそれらの単語を理解した上で、それらを使って買い物の会話を練習しましょう。また、左記の会話
に倣って以下の表現も使ってみましょう。Wählen Sie ein Geschäft und führen Sie in der Gruppe ein Verkaufsgespräch.

・Haben Sie ...?
・Wir haben leider
　kein/e/n ...?
・Was kostet/n ...?

Gespräch 2 **会話2**

> **Martin と Yoshizane は市場の店を見ながら、互いの好みについて会話しています。**
> Martin und Yoshizane sprechen über ihren Geschmack.

Martin: Der Markt ist wundervoll! Ich freue mich!

Yoshizane: Danke, das freut mich auch. Magst du Käse?

M: Ja, ich mag Käse sehr gerne. (試食します)

Y: Wie schmeckt er?

M: Der Käse schmeckt unglaublich gut. Magst du auch Käse?

Y: Es geht so. Schau mal! Hier sind Bohnen. Ich mag Bohnen
      sehr gerne. Und du? Magst du auch Bohnen?

M: Ich mag keine Bohnen. Kaufst du gerne Bohnen?

Y: Ja, ich kaufe sie sehr gerne; fast jede Woche.

M: Dann nehmen wir eine Packung Bohnen!

Y: Danke, das ist sehr nett!

> mögen の活用
> ich mag
> du magst
> er/sie/es mag
> wir mögen
> ihr mögt
> sie/Sie mögen

Übung 3 **練習3** 🖊

市場と店での注文は基本的に同じような表現を使います。下はドイツに点在する軽食堂 (Imbiss) のメニューですが、例としてベルリン名物のカレーソーセージの店を挙げています。会話を聞く前にドイツ語の単語に相応しい写真を探してください。Hören Sie den Dialog und ergänzen Sie die Tabelle.

Deutsch ドイツ語	Foto 写真	Preis 値段	Bestellung 注文
Currywurst	–	€	本
Currywurst (vegetarisch)		€	本
Bulette		€	個
Wiener		€	本
Brötchen		€	個
Kartoffelsalat		€	皿
Pommes		€	匙
Ketchup/Mayonnaise		€	皿
Mineralwasser	H	€	本
Sprite	I	€	本
Bionade	J	€	本
Apfelsaft	–	€	本

Gesamt: _____ Euro

G

H

I   J

Übung 4 練習4 🔍 ✏️

ドイツのほとんどのレストランでは、メニューに写真が付いておらず、さらに場合によっては少し読みにくい書体が使われています。しかし、メニュー自体の構成は大きく変わりませんので、それを念頭におけば多くのメニューを比較的簡単に解読できます。主な項目は以下のとおりで、意味を調べておきましょう。

Ergänzen Sie die japanischen Übersetzungen.

Suppen und Vorspeisen	日本語： _____
Hauptgerichte	日本語： _____
Fleischgerichte	日本語： _____
Fischgerichte	日本語： _____
Vegetarische Gerichte	日本語： _____
Für unsere kleinen Gäste	日本語： _____
Beilagen	日本語： _____
Nachspeisen / Desserts	日本語： _____
Getränke	日本語： _____

以上のリストを参考にネットでドイツのメニューを調べて、読み解いてみましょう。

Suchen Sie nun nach einer Speisekarte im Internet und versuchen Sie, sie zu lesen.

Übung 5 練習5 ✏️

今度は食べ物に限らず、自分の好きなものについて文章を作りましょう。また、友人や家族の好みについても書いてください。Schreiben Sie Sätze über die Vorlieben von Ihnen selbst und von Familie und Freunden.

好みを表現するためのフレーズ

Ich finde <名詞，4格> <形容詞等>.　例）Ich finde den Kuchen nicht schlecht.

Ich mag <名詞，4格>.　　　　　　例）Sie mag den Salat. / Er mag Currywurst.

Ich liebe <名詞，4格>.　　　　　　例）Du liebst das Schaf. / Wir lieben Hunde.

*冠詞に気をつけましょう。複数形の名詞に無冠詞は一般的な話の際に使い、定冠詞は特定の物を指したい時に使います。上の例文では「あなたはその羊が大好き」と「我々は犬が大好き」になります。

（以下の文章は食べ物・飲み物のみに使えます）

<名詞，1格> schmeckt mir <形容詞等>.　例）Die Bulette schmeckt mir nicht schlecht.

Ich esse <名詞，4格> (sehr/nicht/super) gern.　例）Ich esse Wiener nicht gerne.

評価を表現するための形容詞等

+ + ———————————————————————————————————→ - -

super, (sehr) gut, okay, nicht schlecht, in Ordnung, mittelmäßig, geht so, nicht gut

---

Gruppenarbeit 2 アクティビティ2 💬

以下の表現を使って、普段の買い物の様子について話し合いましょう。Sprechen Sie über Ihr Kaufverhalten.

Magst du ...? / Mag er ...? – Ich / Er / Sie / Es mag ... .

Wie oft kaufst du ...? – Täglich. Sehr oft. Jede Woche. Nicht so oft. Manchmal. Nie

Wie viel Geld gibst du für ... aus? – Ungefähr ... pro Monat / Woche.

ドイツの話 Über Deutschland

Flughäfen in Deutschland
ドイツの空港

> Viele Flughäfen in Deutschland haben einen Namen von einem berühmten Politiker. Beispiele sind Berlin und Hamburg.

ドイツの空港を利用する際は、人の名前がよく付いていることに気づきます。最も乗客が多い空港はフランクフルトですが、ここは珍しく正式名称に人の名前が含まれていません。次いで多いのはミュンヘンで、その正式名称は Flughafen München Franz Josef Strauß で、シュトラウスはバイエルン州首相を長く務めた政治家です。他にも空港名が政治家に由来することは多く、乗客が3番目に多いベルリン空港は正式には Flughafen Berlin Brandenburg Willy Brandt、5番目に多いハンブルク空港は Flughafen Hamburg Helmut Schmidt、6番目に多いケルン・ボン空港は Flughafen Köln/Bonn Konrad Adenauer と言います。時代順で並べると、アデナウアーは西ドイツの初代連邦首相（Bundeskanzler）で、ブラントはその4代目、シュミットは5代目です。それぞれの政治家がどこで生まれたか、あるいはどこで最も活躍したかが分かるので、政治家名が含まれる空港は非常に象徴的な意味を有します。政治家名に由来しない例外は、南ドイツにあるニュルンベルク空港（Flughafen Nürnberg）で、ニュルンベルクに生まれたルネサンス画家のアルブレヒト・デューラーが正式名称となっています。

ちなみに第二次世界大戦敗戦後、ベルリンが4つの占領地域に分かれた時代は、その4つの占領国がそれぞれ自らの地域に空港を建設したので、しばらくベルリン市内には4つの空港がありました。その内の Willy Brandt 空港は、拡張工事中に多くのトラブルがありましたが、2020年に開港し、ベルリンの空港数はようやく1つになりました。

ドイツ語のことわざや不思議なドイツ語コーナー

Deutsche Sprichwörter und witziges Deutsch

Ich verstehe nur Bahnhof　「私は駅しかわかりません」
Allerhöchste Eisenbahn　「絶頂の電車だ」

鉄道関係の慣用語はドイツ語に比較的多くあります。前者の意味は「**ちんぷんかんぷんだ**」です。由来は、暗い歴史の記憶にあります。第一次世界大戦に嫌気が差し、ただひたすら故郷に帰ることだけを望んでいた兵士たちが、何を言われても、帰国するための出発点である「駅」の他にしたい話がなかったことから来ている表現だと言われています。
後者はベルリンの作者によって書かれた『**Ein Heiratsantrag in der Niederwallstraße**』という道化芝居に由来し、よく言葉の順番を間違える郵便配達人のセリフです。意味は「**そろそろ行かなければ**」です。
芝居の中で、その配達人は「もうピンチ（allerhöchste Zeit＝ピンチ）だ。電車はすでに3時間前に到着してしまった」という言葉を言い間違えて、「もう絶頂の電車だ。時はすでに3時間前に到着してしまった」と言ってしまいました。

Studentenfutter　「学生の餌」

間食用の「**ナッツ・レーズン・アーモンドミックスのスナック**」です。携帯しやすく、エネルギーを補給できるものばかりで、授業の合間に食べるには最適です。

Lektion 4

Was machen Sie gern?

Fitness / Yoga machen

Geige spielen

Lektion 4 で学ぶ主な内容
- 趣味
- 得意なこと
- 休みの過ごし方

Party machen

stricken

Freunde treffen

Gartenarbeit machen

backen

Klavier spielen

Computerspiele spielen

Ausflüge machen

fernsehen

Übung 1 練習1

右下の表ではさまざまな趣味が挙げられています。それぞれ何を意味するのでしょうか。ふさわしい画像を選び、発音と意味を確認するとともに、前のLektionで勉強した「Ich mag (nicht) ...」を使って、単語を身につけましょう。Füllen Sie die Lücken aus und verwenden Sie die Vokabeln in einfachen Sätzen.

Bücher lesen (A),	読書	
Schreiben ( ),	_____	
Radfahren ( ),	_____	
Schwimmen ( ),	_____	
Fußball spielen ( ),	_____	
Reiten ( ),	_____	
Kochen ( ),	_____	
Singen ( ),	_____	
Reisen ( ),	_____	
Musik hören ( ),	_____	
Fotografieren ( ),	_____	
Nähen ( ),	_____	
Wandern ( ),	_____	

🎧
12

Gespräch 1 会話1 💬

Martin は Marlene と Elsa と一緒に共同のリビングでくつろぎながら、互いの趣味について話し合っています。
Martin, Marlene und Elsa machen es sich im Wohnzimmer gemütlich und sprechen über ihre Hobbys.

Martin: Was macht ihr gerne in eurer Freizeit?

Marlene: Ich singe sehr gerne und gehe manchmal reiten.

Elsa: Ich mag Wandern und Schwimmen. Ich schwimme jede Woche. Und was magst du, Martin?

Martin: Ich mag Musik hören sehr und schreibe gerne Lieder.

Marlene: Toll! Ich finde Lieder schreiben großartig.

Martin: Danke. Was hörst du am liebsten?

Marlene: Ich mag am liebsten Jazz und Swing. Ich liebe auch das Lied „Ich hab' noch einen Koffer in Berlin" von Walter Kollo. Magst du das Lied auch, Martin?

Martin: Ja, aber ich mag lieber Kirchenlieder als Walter Kollo. Ich gehe morgen in die Kirche. Kommt ihr mit oder habt ihr keine Lust?

Elsa: Doch, ich gehe sehr gerne morgen mit dir in die Kirche.

Marlene: Nein, ich habe leider keine Zeit. Tut mir leid ...

原級
gern
比較級
lieber ... als ...
最上級
am liebsten

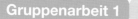 **Gruppenarbeit 1** アクティビティ 1

グループで互いの趣味について話し合いましょう。ノートを取って、全員が発言し終わったら、次は三人称を使って自分以外のメンバーの趣味について文章を作りましょう。会話の中で次の表現も使ってください。Sprechen Sie in der Gruppe über Ihre Hobbys. Verwenden Sie dazu auch die dritte Person.

> 序数の作り方
> 数字＋ -te
> 例）2. : zweite
> 例外 1. : erste
> 3. : dritte
> 7. : siebte

・比較級と最上級：lieber ... als ..., am liebsten
・いつ趣味を楽しんでいるか：montags, am Montag, jeden Montag, jeden zweiten Montag
・どの頻度で楽しんでいるか：täglich, häufig, regelmäßig, öfters, gelegentlich, selten

Gruppenarbeit 2 アクティビティ 2

自分のできることについて話せるようになりましょう。ドイツ語ではその際に「können」という助動詞を使います。

---

können（〜できる）**と助動詞の話法**

können の活用
ich kann
du kannst
er/sie/es kann
wir können
ihr könnt
sie/Sie können

ドイツ語文法の基礎ルールの一つである「主文の定動詞は2番目」は助動詞の場合にも当てはまります。助動詞は定動詞として扱われ、具体的にできる内容は不定詞として文末に置かれます。それは、文章がいくら長くなっても該当するルールで、そのため助動詞と不定詞がかなり離れることがあります。

例）Ich kann am Montagabend gar nicht gut schwimmen.

能力の程度を表現するための単語

++ ────────────────────────→ ‑‑

ausgezeichnet – (sehr) gut – ganz gut – ein bisschen – nicht (so) gut – gar nicht

＊以前登場した「möchten」も助動詞で、何かをしたいときに使います。
　例）Ich möchte am Freitag Jazz hören.　私は金曜日にジャズを聴きたいです。

イラストに合わせて können を使いましょう。Verwenden Sie „können" passend zu den Fotos.

 Hannah

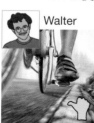 Walter

 Marlene

 Martin

 Yoshizane

 Elsa

Übung 2 練習 2

自分と家族や友人の得意なこととそうでないことについて作文しましょう。趣味の話と können に加え、以下の便利な表現も使ってみてください。Schreiben Sie Sätze darüber, was Sie, Ihre Familie und Freunde gut oder nicht gut können.

「Lieblings-」＋名詞 → 最も好きな…	動詞＋「gehen」 → …しに行く
例）Lieblingsmusik → 最も好きな音楽	例）schwimmen gehen → 泳ぎに行く

Gespräch 2 **会話 2** 💬💬

MartinとYoshizaneとWalterは本屋さんに遊びに行きました。Walterは旅行好きで、3人で旅行ガイドブックコーナーを見ています。Martin, Yoshizane und Walter sind in einem Buchladen. Sie sehen sich zusammen die Reiseführerabteilung an.

Walter: Sagt mal, welche Sprachen könnt ihr sprechen?

Yoshizane: Ich kann Japanisch und Chinesisch.

Martin: Und ich kann Griechisch, Latein und Hebräisch. Welche Sprachen kannst du, Walter?

W: Ich spreche Französisch, Italienisch, Englisch ...

M: Wahnsinn!

W: Was macht ihr im Sommer?

M: Ich möchte in den Urlaub fahren. Kannst du uns etwas empfehlen?

W: Wohin möchtet ihr fahren? Ich mag die Stadt Paris und die Insel Capri sehr.

Y: Ich möchte gerne nach Capri fahren.

M: Ja, ich auch!

W: Dann fahren wir zusammen nach Capri! Wie lange möchtet ihr fahren?

M: Ich möchte am liebsten für eine Woche verreisen.

Y: Ich finde eine Woche auch gut.

W: Wunderbar. Das klingt gut. Wo übernachten wir? Ich kenne ein schönes Hotel am Meer.

Y: Sehr gerne. Ich mag das Meer.

M: Ich finde das auch sehr gut.

W: Ich freue mich schon sehr auf die Reise!

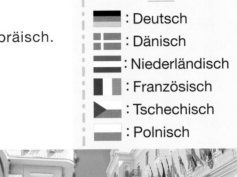

言語

: Deutsch
: Dänisch
: Niederländisch
: Französisch
: Tschechisch
: Polnisch

: Chinesisch
: Englisch
: Finnisch
: Italienisch
: Japanisch
: Koreanisch
: Portugiesisch
: Russisch
: Schwedisch
: Spanisch
: Ukrainisch

 Übung 3 **練習 3** ✏️

カプリへの旅行計画を聞いたHannahとElsaとMarleneも旅行したくなりました。その3人は何を話しているのでしょうか。音声を聞いて、リストに全ての候補も記載し、決定した案に下線を引きましょう。

Hannah, Elsa und Marlene haben auch Lust aufs Reisen bekommen. Hören Sie ihr Gespräch und füllen Sie die Tabelle aus.

目的地	期間	宿泊施設	したいこと

Gruppenarbeit 3 アクティビティ3

会話2の各国の言語名を使って、自分がどの言語が話せるか、または話せないかをお互いに言い合ってみましょう（架空でも構いません）。最後に、三人称（単複数）を使って、全員の言語能力をまとめましょう。

Sprechen Sie über Ihre (auch fiktiven) Sprachkompetenzen. Verwenden Sie dazu auch die dritte Person.

不規則変化動詞

	fahren (a→ä)	sprechen (e→i)	sehen (e→ie)
ich	fahre	spreche	sehe
du	fährst	sprichst	siehst
er/sie/es	fährt	spricht	sieht
wir	fahren	sprechen	sehen
ihr	fahrt	sprecht	seht
sie/Sie	fahren	sprechen	sehen

Übung 4 練習4

以下の表現を使って、練習3と同じ項目（目的地・期間…）について日本旅行の計画を立てましょう。

Schreiben Sie einen Reiseplan für Japan.

- Wir möchten nach ... fahren.
- Wir fahren für ... Wochen/Tage nach ... .
- Wir übernachten in einem/einer ... .
- Wir möchten ...
- Wir möchten lieber ... als ... machen.
- Wir möchten auch ... machen, aber am liebsten machen wir ... .

Praktische Formulierungen 便利なフレーズ

ここまで色々な単語を学んできましたが、さらに語彙を増やすために、ドイツ語で単語の訳を尋ねましょう。Damit können Sie auf Deutsch nach der deutschen Übersetzung fragen.

Wie heißt das auf Deutsch? – Das ist ein/e ... .

Was heißt ... auf Deutsch? - ... heißt auf Deutsch ... .

Gruppenarbeit 4 アクティビティ4

今度の夏休みにドイツに行くとして、誰とどこに行き、どこに泊まるかなどについて話し合ってください。ドイツの地理の感覚を養うためにマップツールを使って、電車やバスでの移動時間を調べ、計画を立ててみましょう。乗り物・所要時間・ルートを表現するためには次のような言い方があります。Sprechen Sie über eine kommende Deutschlandreise. Recherchieren Sie dazu auch ein wenig Fahrzeiten und -wege innerhalb des Landes.

- mit ＜定冠詞＋名詞3格＞ fahren（飛行機以外）
- mit dem Flugzeug fliegen（飛行機）
- Das dauert ... Stunden/Minuten.
- von ... nach ... .

  例）Wir fahren mit dem Zug von Berlin nach Hannover. Das dauert 1 Stunde und 40 Minuten.

ドイツの話　Über Deutschland

Brot und Brötchen in Deutschland
ドイツとパン

Brot ist ein wichtiges Grundnahrungsmittel in Deutschland. Viele Menschen in Deutschland haben ein bestimmtes Lieblingsbrot oder -brötchen. Es gibt zahlreiche Sorten.

Roggenbrot

Kürbiskernbrot

Pumpernickel

Knäckebrot

Vollkorntoast

Rosinenbrot

Brötchen

Mohnbrötchen

Sesambrötchen

Mehrkornbrötchen

Käsebrötchen

Roggenbrötchen

　ドイツは、パンの生産量がヨーロッパで最も多いそうです。パンは特定の時間だけではなく、朝食・昼食・間食・夕食、いつでも食べられる食べ物です。パンを食べることが最も少ないのは昼食だと言えましょう。そもそも日本語の「パン」は、ドイツ語で「Brot」と「Brötchen」との両方を意味しますが、ドイツ語ではその二つの使い分けは非常に大事です。簡単に説明すると、Brotは大きめのパンです。一方、Brötchenにはドイツ語で小さくて可愛いものを表現するために使われている「-chen」という語尾が付いています。Brotは基本的にスライスして食べますが、Brötchenは半分に切って食べます。そのため、傾向としては、Brötchenは朝食・間食に用いられ、Brotは晩食に登場することが多いです。日本の「食パン」はドイツ語で「Toastbrot」といい、Brotに含まれますが、朝に食べるのが基本だと言えるでしょう。なお、日本との大きな違いは、日本だと5枚切りから12枚切りまでいくつかの厚さが一般的に売られていますが、ドイツは10枚切りほどの厚さが主流で、他のサイズが売ってあることはあまりありません。その代わりに、BrotとBrötchenは両方ともバリエーションがたいへん豊富で、さまざまな穀物を使ったり、種を粉にせずにパンに乗せたり入れたりします。パンの種類には特定の名称もあり、覚えておくとドイツのパン屋で相当驚かれることでしょう。

ドイツ語のことわざや不思議なドイツ語コーナー
Deutsche Sprichwörter und witziges Deutsch

Er hat eine Schraube locker.「彼はネジが一本緩んでいる」
可愛い表現に見えるかもしれませんが、冗談で使うことは意外と少ないです。「**彼は頭がおかしい**」という意味ですが、比較的、深刻な場面に使います。本人に言ってしまうと、喧嘩に繋がりやすいので、第三者に伝えることのほうが多いかもしれません。機械でネジが緩んだときに大きな故障になる可能性があることからきている表現で、特に予測しなかった行為に対して使います。

Dumm wie Brot「パンと同じぐらい頭が悪い」
ドイツではパンがたいへん評価されているにもかかわらず、パンが**愚者の象徴**になったのは不思議です。この表現は、聖書に由来しており、そのなかで十字架の形が焼かれたパンを常に持ち運ぶ愚か者が登場します。その人物は神を否定するシンボルで、十字架（人々の信仰）を食べてしまう悪い存在です。

Lektion 5

Um wie viel Uhr isst du Frühstück?

Lektion 5 で学ぶ主な内容
- 朝食・昼食・夕食
- 生活習慣
- 時刻表現

Übung 1 練習1 ✏️

ドイツは、食生活が地域によって根本的に違うとまでは言えませんが、それぞれの地域の名物（Spezialitäten）があります。音声を聞いて、表に書き込んでみてください。Hören Sie den Dialog und ergänzen Sie die Tabelle.

名物名	地域	特徴	写真
Käsespätzle			
Grünkohl			
Sauerbraten			

 Gespräch 1 会話1 💬

MartinはWGのメンバーになってもう何カ月か経ちましたが、これまた意外と互いの食生活が気になりませんでした。ようやく、MartinとElsaはそれについて朝ご飯のときに話し合います。Nachdem Martin bereits eine Weile in der WG wohnt, kommt er nun endlich dazu, mit Elsa über Essroutinen zu sprechen.

Elsa: Martin, schön dich wiederzusehen.

Martin: Ich freue mich auch. Wie geht es dir?

E: Danke, sehr gut. Was isst du heute zum Frühstück?

M: Ich esse Roggenbrot mit Käse und Salami.

E: Isst du kein Müsli oder Marmelade?

M: Nein, Süßes mag ich nicht so sehr.

E: Und was isst du zum Mittagessen?

M: Heute möchte ich in der Mensa Braten essen.

E: Das klingt sehr gut. Kann ich mit dir zusammen in der Mensa essen? Ich bin auch in der Uni.

M: Ja, natürlich, sehr gerne.

E: Schön! Und was isst du zum Abendessen?

M: Abends esse ich zu Hause nur ein wenig Pumpernickel mit Wurst. Und ich trinke ein paar Gläser Bier. Bier mag ich besonders gerne.

E: Gute Idee! Ich trinke dann eine Berliner Weiße. Am Wochenende gehen wir mit allen essen, oder?

M: Ja! Ich freue mich schon sehr darauf. Walter möchte schon wieder zum Italiener gehen. Er liebt Nudeln und italienische Süßigkeiten.

E: Italiener klingt gut! Ich mag Italienisch auch sehr. Bis nachher in der Mensa!

essen の活用
ich esse
du isst
er/sie/es isst
wir essen
ihr esst
sie/Sie essen

Praktische Formulierungen　**便利なフレーズ**

自分の賛成を表現するとき、「いいね!」と同様に次の表現をよく使います。反対の気持ちを表すには「gut」の前に「nicht」を追加する必要があります。Drücken Sie mit den folgenden Sätzen Ihre Zustimmung aus.

Das klingt gut / Das hört sich gut an / Das sieht gut aus

良く響く　　/　　良く聞こえる　　/　　良く見える

Übung 2　**練習2**

「朝に」や「月曜日に」だけではなく、正確な時間を表現するためのドイツ語も身につけましょう。

時刻を表現する

キーワード：Uhr（時）, vor（前）, nach（後）, halb（半）, Viertel（4分の1）

2:00: 2 Uhr

2:15: Viertel nach 2

2:30: halb 3

2:45: Viertel vor 3

黄色い領域：nach

　例）2:10 → 10 nach 2

青の領域：vor

　例）2:50 → 10 vor 3

曖昧な領域：2:20 および 2:40

　例）2:20 → 20 nach 2

　　もしくは 10 vor halb 3

*なお「Uhr」以外のキーワードは12時間表記でしか使いません。どの表記でも使える表現は「14 Uhr 15」（14時15分）という言い方です。

時間を尋ねる

Wie spät ist es?

Wie viel Uhr ist es?

時刻関係の前置詞

「に」：um <時刻>, 例）um halb sieben

「～から～まで」：von ... bis ...

以下の時計でドイツ語の時刻表現を練習しましょう。

Üben Sie Zeitangaben auf Deutsch anhand der untenstehenden Beispiele.

`09:15`　`10:30`　`11:45`　`12:05`　`01:20`　`02:35`　`05:50`

Gruppenarbeit 1　**アクティビティ1**

毎週どのような食生活を送っていますか。朝から昼を挟んで晩まで、どこで何を食べるかについてグループで話し合いましょう。基本的に何時に朝昼晩ご飯を食べるかを言ってみましょう。また、週末になったら、外食するか、あるいは特別なご飯を作る習慣があるかなどについて情報交換しましょう。Sprechen Sie in der Gruppe über Ihre Essgewohnheiten. Werden Sie dabei genauer als im linksstehenden Dialog.

 Übung 3 **練習3** 📖 ✏️

Martin の学生生活における普通の一週間の流れについて読んでみましょう。

Lesen Sie den untenstehenden Text über Martins Alltag.

> Ich studiere Theologie in Berlin. Ich stehe jeden Tag sehr früh auf – normalerweise ungefähr um 4 Uhr morgens. Am Montagmorgen gehe ich zur Vorlesung ab 10 Uhr und nachmittags habe ich dann ein Seminar ab 14 Uhr. Am Dienstag habe ich eine Übung und abends treffe ich meine Kommilitonen. Wir lernen zusammen für die nächste Prüfung. Am Mittwoch habe ich Veranstaltungen von 10 bis 16 Uhr: eine Vorlesung am Vormittag und nachmittags zwei Seminare. Donnerstags habe ich frei und lerne den ganzen Tag in der Universitätsbibliothek. Manchmal bin ich aber am Donnerstag auch zu Hause. Freitags habe ich wieder eine Vorlesung.
>
> Am Wochenende besuche ich oft Kirchen und nehme verschiedene Kulturangebote der Stadt wahr. Das Studium ist sehr anspruchsvoll, aber es ist überaus interessant und ich habe viel Freude.

以下の文章から正しいものを探しましょう。 Welche Sätze sind korrekt?

1. Martin steht jeden Tag sehr früh auf.
2. Am Montag besucht Martin drei Veranstaltungen.
3. Am Dienstagabend trifft Martin die Kommilitonen im Club.
4. Donnerstags ist Martin oft unterwegs und verbringt Zeit mit Freunden.
5. Martin ist normalerweise jeden Tag von Montag bis Freitag in der Universität.
6. Am Wochenende geht Martin gerne in Museen.
7. Martin hat kein großes Interesse an seinem Studium.

 17

 Gespräch 2 **会話2** 💬 ✏️

今度は Yoshizane と Marlene の一週間のルーティーンについて聞き、以下の表に書き込みましょう。

Hören Sie den Dialog zwischen Yoshizane und Marlene und füllen Sie die Tabelle aus.

	Montag	**Dienstag**	**Mittwoch**
Yoshizane			
Marlene			

	Donnerstag	**Freitag**	**Wochenende**
Yoshizane			
Marlene			

Übung 4 **練習4**

今度は自分の一週間のルーティーンを説明しましょう。
作成にあたり、以下の点に注意しておくと、非常に書きやすくなります。

助動詞の「müssen」 (〜しなければならない) ich muss du musst er/sie/es muss wir müssen ihr müsst sie/Sie müssen	分離動詞 ドイツ語には分離する動詞があり、それに気をつけないと意味が大幅に変わることが極めて多いです。分離する部分は基本的に短めの前つづり（ab, ein, mit, weg等）で、定動詞として扱われた場合は文末に置かれます。したがって、ある文章が前置詞のような単語で終わったら分離動詞である可能性が非常に高いです。 例) aufstehen: Ich stehe früh auf.
目的地の格 簡単に言えば3格は場所を表現するのに対し、4格は方向を表現します。そのため、以下の違いに気をつけましょう。 「Ich gehe in der Bibliothek.」（3格） 「図書館の中で歩いている。」 「Ich gehe in die Bibliothek.」（4格） 「図書館に行く。」	一日の時間 am Morgen / morgens am Vormittag / vormittags am Mittag / mittags am Nachmittag / nachmittags am Abend / abends in der Nacht / nachts

普段の一週間について、月曜日から日曜日までどの時間・時間帯に、どこで何をするかについて作文しましょう。Schreiben Sie einen Text darüber, was Sie von Montag bis Sonntag zu welcher Uhrzeit an welchem Ort machen.

Gruppenarbeit 2 **アクティビティ2**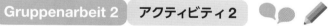

練習4で作った文章を参照し、グループで毎週のルーティーンについて聞き合いましょう。会話を進めるにあたって、次のような質問も使ってみてください。また、ノートも取っておきましょう。
Interviewen Sie sich über die Inhalte Ihrer Texte von Übung 4.

· Um wie viel Uhr stehst du jeden Tag / am ... auf?
· Von wann bis wann bist du in der Uni?
· Wie oft in der Woche bist du in der Uni?
· Wann beginnt dein Unterricht?
· Wann kommst du jeden Tag in der Regel nach Hause?
· Was machst du am Sonntagvormittag?

Übung 5 **練習5**

アクティビティ2で取ったノートをベースにグループメンバーのルーティーンをまとめてください。その際に、三人称単数や一人称・三人称複数を使いましょう。Fassen Sie die Gewohnheiten der Gruppenmitglieder aus Gruppenarbeit 2 zusammen, indem Sie die dritte Person Singular oder erste bzw. dritte Person Plural verwenden.

ドイツの話 Über Deutschland

Regionale Spezialitäten
地域の名物

Deutschland hat viele verschiedene Spezialitäten. Im Norden isst man zum Beispiel mehr Fischgerichte und im Süden mehr Fleischgerichte. Außerdem gibt es regionale Wein- und Biersorten. Zudem gibt es viele Einflüsse aus dem Ausland, insbesondere aus den deutschen Nachbarländern.

　ドイツの料理は外国の影響から切り離して考えることが不可能に近く、それなりにどの好みにも対応できる料理になったと言えます。ドイツの名物の種類は非常に豊富で、ドイツ人であっても国内旅行した際に聞いたこともない名物に出会う機会が少なくありません。したがって、例えばベルリンに住んでいたら、シュワーベン料理やバイエルン料理の専門店があり、まるで異国の料理店のような感じです。またいわゆる「ドイツ料理」で特に人気を集めているのは、ピザとケバブと寿司（ドイツ語では「ズーシ」）です。ほとんど家庭でしか食べない地域料理もあり、ベルリンの例を挙げれば「マスタード卵（Senfeier）」があります。料理は外交史や社会の実情を深く反映していますので、詳しくなるとドイツの理解がより深まることでしょう！

Finkenwerder Scholle
Hallorenkugeln
Printen
Spreewaldgurken
Riesling
Quarkkeulchen
Maultaschen
Weißwurst

ドイツ語のことわざや不思議なドイツ語コーナー

Deutsche Sprichwörter und witziges Deutsch

Tomaten auf den Augen haben 「眼の前にトマトが付いている」
この表現は比較的わかりやすく、「うっかりしていて**物が見えていない**」という意味です。
しかし、語源はトマトそのものではなく、眼が赤く腫れている寝不足の状態で、きちんと行動ができない人を指しています。

Spargeltarzan 「アスパラガスターザン」
アスパラガスの形のとおりで、**非常に細い男性**を指している表現です。

Lektion 6
Tolles Zimmer!

Lampe

Regal

Bild

Sofa

Tisch

Obergeschoss

Lektion 6で学ぶ主な内容
- 部屋の説明
- 道案内
- 四季

Tür

Treppe

Erdgeschoss

Teppich

Spiegel

Schrank

Fenster

Waschbecken

Toilette

Badewanne

18

Gespräch 1 **会話1**

半年が経ち、また新学期が始まりました。WGの全員が楽しく過ごしており、Martin も新居にだいぶ慣れてきました。実はこれまで他のメンバーの部屋に入ってじっくり話をしたことがなかったのですが、この日、ようやく Yoshizane のところにお邪魔することになりました。Das neue Semester hat begonnen. Martin besucht zum ersten Mal Yoshizane in seinem WG-Zimmer.

Martin: Hallo Yoshizane, hier ist Martin. Kann ich reinkommen?

Yoshizane: Ja klar, komm rein!

M: Wie geht es dir?

Y: Danke, sehr gut. Und dir? Wie läuft das Studium?

M: Mir geht es auch sehr gut und das Studium macht sehr viel Spaß. Yoshizane, du hast ein tolles Zimmer!

Y: Danke. Siehst du den Computer auf dem Tisch? Der ist ganz neu.

M: Ja, er sieht auch sehr neu aus. Was ist das über dem Bett an der Wand?

Y: Das ist nur ein Rahmen. Ich möchte ein Bild an die Wand hängen. Aber ich kann mich nicht entscheiden.

M: Du hast ein Fenster direkt über deinem Bett. Das ist sehr praktisch. Kannst du immer gut schlafen?

Y: Ja, ich schlafe sehr gut und es ist meistens schön warm.

M: Und du hast wirklich sehr viele Bücher! Die Bücherregale links und rechts neben deinem Schreibtisch sehen toll aus. Ich mag auch Lesen unglaublich gern.

Y: Ich lese viel, aber ich suche noch ein richtig gutes Buch. Du kannst gerne Bücher ausleihen. Die Bücher über dem Globus sind über Buddhismus. Vielleicht hast du Interesse. Und ich möchte bald auch dein Zimmer sehen.

M: Ich möchte dir gerne mein Zimmer zeigen!

19

Übung 1 **練習1**

今度は Yoshizane が Martin の部屋を見に行くことになりました。音声を聞いて以下のリストのうち、部屋にある物をチェックし、何がどこにあるか言ってみましょう。

Später schaut Yoshizane bei Martin vorbei. Welche Dinge befinden sich wo in Martins Zimmer?

☐ Bett   ☐ Bücher   ☐ Fenster   ☐ Kleiderschrank
☐ Kopfhörer   ☐ Lampe   ☐ Laptop   ☐ Ordner
☐ Papier   ☐ Papierkorb   ☐ Poster   ☐ Regal
☐ Schrank   ☐ Schreibtisch ☐ Stuhl   ☐ Tür

Übung 2 練習2

右の写真にある物の位置関係を説明しましょう。説明する物は★の名詞で、●の名詞は前置詞を決めるためのものです。Beschreiben Sie das rechtsstehende Zimmer.

例）★ Teppich, ● Boden → Der Teppich liegt auf dem Boden.

- ★ Kissen, ● Stuhl
- ★ Pflanze, ● Stuhl
- ★ Lampe, ● Sofa
- ★ Bild, ● Wand
- ★ Schuhe, ● Teppich
- ★ Fenster, ● Sofa
- ★ Schuhe, ● Stuhl
- ★ Stuhl, ● Sofa, Pflanze
- ★ Sofa, ● Zimmer
- ★ Taschentücher, ● Sofa
- ★ Tisch, ● Sofa

前置詞	位置を指す動詞
(links/rechts) neben （左／右）隣 zwischen　間 vor　前 hinter　後ろ über　上 auf　上 unter　下 in　中 an　のきわに	• **liegen**　横たわっている • **stehen**　立っている この２つの単語を区別しにくい場合は意外と多くあります。目安として３つのヒントがあります。(1) 縦に長いものは stehen を使うことが多いです。(2) きちんと意図をもって置いてあるものは stehen に該当します。また意図的に置かれていないものは liegen を使うことが多いです。例えばゴミ箱に捨てられた雑誌は真っ直ぐ立っているとしても liegen を使うことが多いと言えます。(3) 三つ目のヒントは、足がついているか否かという点です。付いている方が stehen に当たります。例えば、足付きベッドは stehen であるのに対し、形が大きく変わらない布団の状態は liegen で表現されます。 • **hängen**　掛かっている

＊前置詞は３格と４格の名詞の前に置くことが可能ですが、３格ならあるものが置かれている場所を表すのに対し、４格ならその方向を表現するので、注意が必要です。

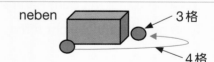

Gruppenarbeit 1 アクティビティ1

もしもお金や場所に制約がなければ、どのような寝室や仕事部屋が理想的ですか。グループ内でその部屋を互いに説明した後、簡単に絵で描いてみましょう。またクラスの他のグループの絵を集め、説明を聞かせ合って、誰がどの部屋を作ったのか当てましょう。Beschreiben Sie in der Gruppe ihr ideales Schlaf- oder Arbeitszimmer. Versuchen Sie am Ende das Zimmer zu zeichnen und sprechen Sie in der gesamten Lerngruppe darüber.

Gespräch 2 会話2

> Martin は Yoshizane と本についてたくさん喋ったので、本屋に行きたくなりました。すると、Yoshizane はお気に入りの本屋があるようで、そこへの道を説明してくれました。Martin möchte einen Buchladen besuchen. Yoshizane erklärt ihm den Weg zu seiner Lieblingsbücherei.

M: Du kennst einen guten Buchladen? Wie komme ich zu dem Buchladen?

Y: Ja, der ist ein Geheimtipp. Du brauchst von hier zu Fuß ungefähr 20 Minuten.

M: Wie muss ich laufen?

Y: Du läufst zuerst geradeaus. Du siehst zwischendurch links einen Park. Dann biegst du die zweite Straße links ab. Rechts steht dort eine Post. Danach gehst du wieder geradeaus bis zum Straßenende. Dort biegst du links ab und gleich die nächste wieder rechts und danach noch einmal rechts. Zwischen den beiden Straßen steht ein Supermarkt. Anschließend biegst du die nächste Straße links ab. Dann überquerst du eine Straße und rechts siehst du den Buchladen.

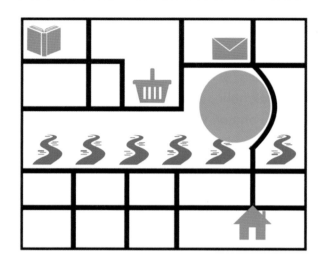

M: Läufst du immer zum Buchladen?

Y: Ja, ich laufe häufiger, aber ich fahre auch gerne mit dem Fahrrad. Dann brauche ich vielleicht nur 5 Minuten.

M: Das ist sehr schnell! Ich gehe heute zu Fuß zum Buchladen, aber vielleicht fahre ich schon beim nächsten Mal mit dem Fahrrad.

Y: Viel Spaß nachher! Vielleicht triffst du Hannah im Buchladen. Sie ist dort sehr oft.

Übung 3 練習3 ✏

音声を聞きながら、案内されている道順を地図に書いてみましょう。

Zeichnen Sie die beschriebenen Wege in die Karten.

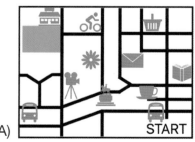
(A)

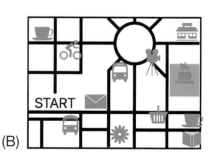
(B)

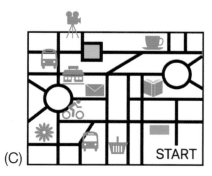
(C)

Übung 4　**練習4** 🖊

自分の大学を拠点にどこかの目的地までの案内文を作りましょう。徒歩だけでも構いませんが、文章のバリエーションを増やすために交通機関を利用してみても良いでしょう。案内をわかりやすくするために、次の単語も使ってみましょう。Beschreiben Sie den Weg von Ihrer Uni zu einem Ort Ihrer Wahl.

Zuerst → Dann / Danach / Anschließend → Am Ende

Gruppenarbeit 2　**アクティビティ2** 💬

練習4で作った案内をクラスで発表し合って、目的地はどこなのかを当ててもらいましょう。わかりにくい場合は、そこで何ができるか（können）あるいは自分にとってどんな場所であるか（mein Lieblings…）といったヒントを挙げましょう。Stellen Sie den Text von Übung 4 in der Gruppe vor und geben Sie gegebenenfalls Hinweise zum besseren Verständnis.

 Übung 5　**練習5** 🖊

最後に位置関係の前置詞も使って、道を案内しましょう。右下の写真を見てください。自分は星マークのところにいるとして、そこから矢印の方向の道を説明する場合、次のような案内になります。Verwenden Sie nun anhand des rechtsstehenden Fotos auch Ortsangaben in der Wegbeschreibung.

ホテルの前に教会があります。まっすぐ歩いてください。右側に（auf der rechten Seite）レストランがあります。そこで左に曲がってください。まっすぐ歩いてください。右側に劇場があります。

Gruppenarbeit 3　**アクティビティ3** 💬

一年間のルーティーンを説明したい時は四季と12ヶ月分の単語が必要になります。英語と似ている単語が多いですが、発音は異なっているので、まずはその点を確認しましょう。その後、グループで何月、あるいはどの季節に何をするかについて会話を練習しましょう。Üben Sie die Aussprache der untenstehenden Worte und sprechen Sie danach in der Gruppe darüber, was Sie zu bestimmten Monaten oder Jahreszeiten machen.

四季 Die vier Jahreszeiten

Frühling	Sommer	Herbst	Winter
März	Juni	September	Dezember
April	Juli	Oktober	Januar
Mai	August	November	Februar

＊以前は「am」と「um」という前置詞が紹介されましたが、以上の単語（月や季節）では「im」という前置詞を使います。

ドイツの話　Über Deutschland

Grenzstreifen
国境帯状地帯

Um ganz Westberlin gab es den sogenannten Grenzstreifen. Der Grenzstreifen markierte die Grenze zwischen Ost- und Westberlin und Ost- und Westdeutschland. Auch heute erinnern Markierungen auf dem Boden an die Mauer.

　現在のドイツとヨーロッパを理解するには、ドイツが東と西に分かれた時期についての知識が不可欠です。東ドイツ政府は、西ドイツに逃げる人の急増を危惧し、国境の監視を少しずつ強化しました。その時代を象徴しているのは、1961年から1989年まで存在したベルリンの壁です。最初は急いで仮設の壁が作られましたが、最終的には見張り塔や有刺鉄線もあるほどの本格的な境界監視設備ができました。ベルリンの壁にはカラフルな絵が描かれてあるイメージがありますが、それは西ベルリン側で描かれたもので、東ドイツ側からは壁に近づける機会はありませんでした。一つの街の中で壁ができてしまったため、その壁で分断されてしまった家族が多くありました。無論、短い一時期を除き、家族に会うこと自体は許されていましたが、西ドイツの人には入国申請と帰国時のチェックなどがあり、緊張感のある形でしか会うことができませんでした。そのため、壁が崩壊したときにどれだけ開放感が生まれたかは想像しがたいほどです。現在は、その時代を忘れないために壁の一部が残されたり、博物館ができたりしました。しかし、ドイツは再統一されたものの、その時代を生きた人やその後に生まれた人の一部では、今なお頭の中で壁が残りつづけています（die Mauer im Kopf）。人々の頭の中にある壁の崩壊は、今もなお課題になっています。

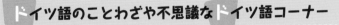
ドイツ語のことわざや不思議なドイツ語コーナー
Deutsche Sprichwörter und witziges Deutsch

kalte Füße bekommen 「足が寒くなる」
意味は「おじけづく」ですが、語源は明らかではありません。一説によると、居酒屋でトランプ遊びをしたことに由来します。トランプ遊びではいわゆる「ポーカーフェイス」が基本的に必要ですが、どうやっても勝てそうにないときに「足が寒くなったから、少し散歩してくる」という言い訳をつけて逃げることがあったため、そうした慣用語ができたそうです。

Angsthase 「心配兎」
心配兎は非常にわかりやすい表現で、兎は逃げるのが早いことから「臆病者」あるいは少し**神経質な人**を指したいときに使います。

Lektion 7
Habt ihr Zeit?

Lektion 7 で学ぶ主な内容
- 約束をする
- 家族
- 職業

Gespräch 1 会話1

22

Martinには、最近お気に入りのレストランができました。そしてその店に、他のメンバーを誘うことにしました。 Martin schlägt vor, zusammen in ein Restaurant zu gehen, das ihm seit kurzem sehr gut gefällt.

Martin: Hannah, Yoshizane! In unserer Nähe gibt es ein sehr gutes Restaurant. Ich möchte gerne mit euch dort hingehen. Habt ihr Lust?

Hannah: Ja, klar! Gute Idee. Yoshizane, hast du auch Lust?

Yoshizane: Ja, ich finde die Idee auch echt klasse. Wann willst du essen gehen?

M: Ich will gerne am nächsten Montag ins Restaurant gehen. Habt ihr Zeit?

H/Y: Ja.

M: Es gibt dort sehr leckere Fleischgerichte und gutes Bier. Aber Yoshizane, darfst du Fleisch essen und Alkohol trinken?

Y: Natürlich darf ich, kein Problem. Aber ich esse auch gern vegetarisch. Wann wollen wir uns treffen?

M: Ich kann ab 17 Uhr. Geht das?

H: Ich habe leider bis 18 Uhr eine Vorlesung. Geht es auch ab halb 7?

M: Ja, bei mir geht es auch später. Und bei dir, Yoshizane?

Y: Ich kann auch um halb 7 am Restaurant sein. Ich bin vorher in der Unibibliothek.

M: Wunderbar! Ich frage nachher auch Elsa, Marlene und Walter. Vielleicht wollen sie auch mitkommen. Ich bin am Montagnachmittag zu Hause und hole euch dann vom Bahnhof ab. Ungefähr 18:25. Ich freue mich.

H: Ja, danke für den Vorschlag! Wir sind gespannt.

wollen の活用
ich will
du willst
er/sie/es will
wir wollen
ihr wollt
sie/Sie wollen

dürfen の活用
ich darf
du darfst
er/sie/es darf
wir dürfen
ihr dürft
sie/Sie dürfen

Übung 1 練習1

23

仲良しのHannahとWalterも遊びに出かける計画を立てていました。会話を聞いて、質問に答えてください。 Hören Sie den Dialog zwischen Hannah und Walter und beantworten Sie die Fragen.

- Was macht Hannah am Mittwoch?
- Was möchte Hannah nicht machen?
- Wann und um wie viel Uhr treffen sie sich?
- Wohin gehen Hannah und Walter zuerst?

- Was machen sie danach?
- Wann muss Walter wieder zu Hause sein?
- Was macht Walter am nächsten Tag?
- Wann steht Hannah am nächsten Tag auf?

Gruppenarbeit 1　アクティビティ1

グループでどこかへ出かける計画について話し合いましょう。その際、1名か2名は何回か反対し、時間が合わなかったり、興味がなかったり、お金がなかったり、さまざまな理由で断ってから、計画を成立させましょう。断るフレーズには次のようなものがあります。また目的地については、以下の画像を参考にしてください。

Sprechen Sie in der Gruppe über einen Ausflug zu einem der unten abgebildeten Orte. In der Gruppe sollen 1 oder 2 Personen sein, die aus verschiedenen Gründen versuchen, abzulehnen.

- Ich habe kein Geld.
- Ich habe keine Zeit.
- Ich habe keine Lust. / Ich bin nicht interessiert.
- Ich habe bereits andere Pläne.
- Ich habe schon einen wichtigen Termin.
- Ich muss zur Zeit sehr viel arbeiten.
- Ich bin sehr müde und möchte morgen lange schlafen.

Ich gehe ... . / Ich möchte ... gehen.

賛成と反対

ja → 賛成　　**nein** → 反対

doch → 反対すると思われたときにそれを否定する。

例）あなたは映画を見に行きたくないよね。
　　―いや、行きたいよ。
Du willst nicht ins Kino gehen, oder?
– Doch, ich will ins Kino gehen!
（なお「Du willst ins Kino gehen, oder?」だと「doch」は使えません。）

ins Kino

ins Theater

ins Konzert

in den Club

zur Party von ...

ins Museum

ins Schwimmbad

zum Park

Übung 2　練習2

上の練習で作った会話を第三者の立場からまとめてみましょう。下の例を参照してください。Beschreiben Sie den geführten Dialog aus der dritten Person.

A: Ich gehe morgen ins Kino. Kommst du mit?
B: Nein, ich habe keine Lust.
A: Und übermorgen?
B: Ja, übermorgen geht es. Aber ich will nicht ins Kino.

→

A möchte am Dienstag mit B ins Kino gehen. Aber B hat keine Lust. A schlägt Mittwoch vor und dann hat B Zeit. Allerdings will B nicht ins Kino gehen.

Gespräch 2 会話2 💬

ある日、Martin の故郷であるアイスレーベン（Eisleben）から郵便物が届きました。懐かしくなって、Walter と家族の話を始めました。Martin は写真を指しながら家族関係を説明しています。Martin erhält ein Paket aus Eisleben. Er spricht über seine Familie und erklärt ein Familienfoto.

Martin: Hier ist ein Paket von meinen Eltern. Ich freue mich sehr darüber. Das hier auf dem Foto sind meine Eltern.

Walter: Wie heißen sie?

M: Meine Mutter heißt Margarethe und mein Vater Hans.

W: Und wer steht hinter deinen Eltern?

M: Das sind meine Geschwister: mein Bruder und meine drei Schwestern. Ganz links steht mein Bruder Jacob, rechts daneben Dorothea, Margarethe und Maria. Mein Bruder geht noch zur Schule. Hast du auch Geschwister?

W: Du hast vier Geschwister? Das ist ja toll. Ich habe eine Schwester und einen Bruder. Sie heißen Dora und Georg. Das ist ein Bild von meiner Familie. Vorne stehen meine Eltern Emil und Pauline. Und ganz vorne links sitzt meine Frau Sophie und neben Sophie sitzt unser Sohn Stefan. Er ist schon 2 Jahre alt.

M: Wohnt deine Familie auch in Berlin?

W: Ja, aber meine Frau kommt nicht aus Berlin. Wo wohnen deine Geschwister?

M: Sie wohnen bei unseren Eltern zu Hause. Sie gehen noch zur Schule. Ich will heute Abend mit meiner Familie telefonieren.

家族関係

Mutter 母
Vater 父
Großmutter 祖母
Großvater 祖父
Schwester 姉・妹
Bruder 兄・弟
Tante 叔母
Onkel 叔父
Cousine/Cousin いとこ

unserの変化			
	男	女	中	複
1格	unser	unsere	unser	unsere
4格	unseren	unsere	unser	unsere

euerの変化			
	男	女	中	複
1格	euer	eure	euer	eure
4格	euren	eure	euer	eure

Übung 3 練習3 ✏

Hannah の家族写真についての会話を聞いて、5人と Hannah との関係を書いてみましょう。Hören Sie das Gespräch über Hannahs Familienfoto und ergänzen Sie die Namen und Verwandtschaftsverhältnisse zu Hannah.

- A: _____、_____
- B: _____、_____
- C: _____、_____
- D: _____、_____
- E: _____、_____

Übung 4 練習4

右の写真について、自分の家族のつもりでそれぞれのメンバーについて想像しながら作文しましょう。立ち位置だけではなく、これまで学んだ表現（出身地、年齢など）を積極的に使いましょう。新しい表現として、職業についても尋ねてください。Schreiben Sie einen Text über die rechts zu sehende Familie.

職業 Berufe

Arzt/Ärztin　医者	Koch/Köchin　料理人
Anwalt/Anwältin　弁護士	Krankenpfleger*/Krankenpflegerin　看護師
Architekt/Architektin　建築家	Lehrer*/Lehrerin　教師
Bäcker*/Bäckerin　パン職人	Politiker*/Politikerin　政治家
Designer*/Designerin　デザイナー	Polizist/Polizistin　警察官
Gärtner*/Gärtnerin　庭師	Programmierer*/Programmiererin　プログラマー
Ingenieur/Ingenieurin　エンジニア	Psychologe/Psychologin　心理学者
Journalist/Journalistin　ジャーナリスト	Wissenschaftler*/Wissenschaftlerin　学者

例) Ich bin Arzt. / Ich arbeite als Arzt.

＊左の単語は男性を指し、右は女性を指します。複数形にする場合、男性は女性の語尾「-in」を「-e」や「-en」に書き換え、女性は単数形の後ろに「-nen」を付けます。しかし、そのルールに該当しない単語も少なくありませんので、気をつけなければなりません。上の単語は、男性の単数形と複数形が同じ単語に＊が付いています。

Gruppenarbeit 2 アクティビティ2

練習4で作文したものを参考にグループで質問し合いましょう。会話では一方的に紹介するという形ではなく、質問に答えていく形で、少しずつ情報交換しましょう。Fragen Sie sich gegenseitig auf Grundlage des Textes von Übung 4 in der Gruppe etwas über Ihre Familien.

質問の例)・Wer ist dort vorne rechts?
　　　　　・Wer sitzt da ganz links?
　　　　　・Wer steht dort hinten in der Mitte?
　　　　　・Was ist deine Mutter von Beruf?
　　　　　・Was arbeitet dein Vater?
　　　　　・Hat deine Schwester einen Lieblingssport?
　　　　　・Was studiert dein Bruder?
　　　　　・Wann sind deine Großeltern immer in Berlin?

Gruppenarbeit 3 アクティビティ3

映画、ドラマなどに登場する家族や、有名人の家族を題材に、自由に会話の練習をしてみましょう。Üben Sie das Sprechen über Familien anhand von bekannten Personen.

Chemnitz

ドイツの話 Über Deutschland

Karl Marx
カール・マルクス

Das wichtigste Buch von Karl Marx ist *Das Kapital*. Für einige Menschen ist es noch heute ein sehr bedeutendes Werk. Marx schreibt dort unter anderem über den Kapitalismus, Sozialismus und Kommunismus.

Berlin

マルクスの『資本論』の二つのキーワードは「労働力 (Arbeitskraft)」と「階級闘争 (Klassenkampf)」です。資本主義の一つの問題とされたのは、資本家と労働者の上下関係です。マルクスによれば、後者の労働力は資本生産の元となりますが、資本家は徐々に自らの資本を蓄積します。こうした関係における根本的問題は、その労働力に適した給料を提供しないことです。これを労働力の搾取と言います。その不平等性が顕著になればなるほど階級闘争が始まる可能性が高くなります。マルクスの理論によると、解決方法としてはまず、全員が資本を平等に管理する段階に到達しなければなりません。これが社会主義です。その次の段階は、資本という概念がなくなった共産主義で、そこで労働者がもたらすいわゆる「剰余価値」は社会全体に提供されます。これにより、資本が或る階級に集中して蓄積することはなくなるとされました。マルクスの思想は経済学だけではなく、さまざまな分野に多くの影響を及ぼしました。

そもそも、「Arbeit（仕事）」という単語は何を意味するのでしょうか。今日のドイツでは、意識する人が少ないと思われますが、実は「Arbeit」（日本語の「アルバイト」の語源）の他に「Beruf（職業）」という単語があり、ニュアンスが大きく異なります。それを明らかにした1人はマックス・ヴェーバー（Max Weber）です。ヴェーバーによると、Arbeit は生活維持のための仕事に対し、Beruf は特別な知識を必要とする仕事です。宗教的概念である「Berufung（神による召命、天職、使命）」を考えれば、その違いがよくわかります。

Berlin

ドイツ語のことわざや不思議なドイツ語コーナー

Deutsche Sprichwörter und witziges Deutsch

einen Vogel haben 「鳥を飼っている」　　**den Vogel abschießen** 「鳥を射止める」

誰かが「鳥を飼っている」と言えば、それは「**頭がどうかしている**」という意味です。昔は、鳥が人間の頭の中で巣を作るとその人を狂わせる、と思われていたことに由来します。後者は「**他を圧倒する**」という意味ですが、語源は19世紀の習慣に遡ります。当時は、射撃祭の折に木でできた鳥を撃たなければなりませんでしたが、当たった人は射撃王になります。そこから、完璧な用意や提案に対する感動を表現するために使うことがあります。

komischer Vogel 「奇妙な鳥」

この表現は**変わり者**を指しています。誰かを侮辱する場面よりも、笑いながら誰かを少しからかう時の方が多いです。

Lektion 8
Was gefällt Ihnen?

Karl Lagerfeld

Harald Glööckler

Wolfgang Joop

Lektion 8 で学ぶ主な内容
- ショッピング
- 評価
- 命令

Lektion 8 : Was gefällt Ihnen?

26

Übung 1   **練習1**   ✏️

色の単語の発音を聞いて、色と単語と発音の注意点を書いておきましょう。
綴りが英語と似ている単語もありますが、発音は基本的に異なります。

Schreiben Sie die Wörter neben die entsprechenden Farben. Notieren Sie die
Besonderheiten in der Aussprache rechts.

beige	blau	braun	gelb	grau	grün
lila	orange	pink	rot	schwarz	weiß

色の単語	発音の注意点	色の単語	発音の注意点
rot	長音		

27

Gespräch 1   **会話1**

Martin は Yoshizane と一緒に服を買いに行きました。普段は2人とも黒い服しか着ませんが、いつもと違う洋
服も着てみたいという話になり、ショッピングに出かけました。Martin kauft mit Yoshizane Kleidung ein. Die beiden,
die normalerweise nur schwarz tragen, suchen dieses Mal nach etwas Ausgefallenem.

M: Was wollen wir zuerst einkaufen?

Y: Ich möchte zuerst ein Hemd kaufen.

M: Das klingt gut! Ich auch!

Y: Wie findest du dieses grüne Hemd?

M: Es sieht sehr interessant aus. Aber ich finde ein blaues
Hemd besser.

Y: Du hast recht. Das ist am besten. Und welches möchtest
du kaufen?

M: Mir gefällt das weiße am besten.

Y: Das ist langweilig! Wie findest du das rote?

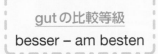

gut の比較等級
besser – am besten

M: Stimmt, es ist sehr cool. Guter Vorschlag! Dann als nächstes die Hosen.
Ich möchte eine graue Hose kaufen. Wie gefällt dir die?

Y: Ich finde sie sehr gut. Sie passt wunderbar zu dem Hemd. Ich möchte
eine besondere Hose kaufen. Wie gefällt dir die gelbe Hose?

M: Hmm... Die Hose ist toll, aber vielleicht kaufst du besser eine andere.
Ich finde die grüne Hose sehr gut.

Y: Ja, sie ist auch echt schön. Dann nehme ich die. Wollen wir noch
einen Mantel kaufen? Mir gefällt der braune echt gut. Ich nehme
den.

M: Ich finde ihn auch gut. Dann nehme ich auch diesen Mantel.

Praktische Formulierungen 便利なフレーズ

主語を特定せずに一般の人の行為を表現する場合には、「man」という便利な単語があります。日本語に訳すときは、受身になることが多いです。Lektion 1で紹介された「Wie schreibt man das?」は、この用法の「man」です。ルール・習慣・レシピ等の文脈で使うことが多く、例えば次のような使い方があります。Machen Sie allgemeine Aussagen mit Hilfe des Wortes „man".

Kann man hier Fotos machen?   So etwas tut man nicht.   Man nehme 200g Mehl.

Übung 2 練習2

自分の意見を言う練習をしましょう。よく使う動詞は「finden (思う)」と「gefallen (気に入る)」です。前者の主語は「私」「あなた」等ですが、後者の主語は評価される側の人・ものです。その場合は、「私」「あなた」等が3格目的語になります。

例) Ich finde den Mantel gut.　　私はこのコートが良いと思う。
　　 Der Mantel gefällt mir.　　私はこのコートが気に入った。

ここで人称代名詞が必要になってきます。gefallenを使う際には3格の人称代名詞が要ります。findenを使う際には4格の人称代名詞が要ります(会話ですでに登場した単語を指す場合)。

人称代名詞

	単数			複数		
	1人称	2人称	3人称	1人称	2人称	3人称
1格	ich	du	er/sie/es	wir	ihr	sie/Sie
3格	mir	dir	ihm/ihr/ihm	uns	euch	ihnen/Ihnen
4格	mich	dich	ihn/sie/es	uns	euch	sie/Sie

例) Die Hose gefällt euch.   Das Hemd gefällt ihr.
　　 Wie findest du den Mantel → Ich finde ihn gut.
　注) 名詞を置き換える場合は、名詞の性に合わせて3人称の男女中性の代名詞を選択します。

それでは、以下の空欄に適切な動詞と人称代名詞を埋めましょう。Füllen Sie die Lücken aus.

1) Er ＿＿＿＿ ＿＿＿＿ (Pullover) super.
2) ＿＿＿＿ ＿＿＿＿ (ihr) der Rock.
3) Ihr ＿＿＿＿ ＿＿＿＿ (Kleid) schlecht.
4) Sie ＿＿＿＿ ＿＿＿＿ (Mütze) spitze.
5) Wir ＿＿＿＿ ＿＿＿＿ (Schuhe) gut.
6) ＿＿＿＿ ＿＿＿＿ (er) die Sandalen.

Gruppenarbeit 1 アクティビティ1

グループで、右の人のファッションについて質疑応答の形で意見交換しましょう。積極的に色の形容詞と人称代名詞を使いましょう。また、gutの他に別の単語も使ってみてください。Sprechen Sie in der Gruppe im Frage-Antwort-Dialog über die rechts zu sehenden Kleidungsstile. 例えば次の単語があります：super, schön, schick, bequem, elegant, nicht so toll, langweilig.

Gespräch 2 **会話2**
28

Martin と Yoshizane は素敵な服を買うことができたので、次は靴とリュック
サックを売っている店に移動しました。Da Martin und Yoshizane coole Kleidung
kaufen konnten, suchen sie nun passende Schuhe und einen Rucksack.

für の使い方

<4格>にとって
für mich：私にとって

期間
für zwei Tage

M: Ich fahre mit Hannah bald für 5 Tage nach Bremen. Ich habe
keine guten Schuhe und muss deshalb neue kaufen.

Y: Wie gefallen dir die? Die sehen sehr bequem aus.

M: Ja, das finde ich auch. Aber sie sind für mich zu teuer. Sie kosten 150 Euro!

Y: Das ist wirklich viel zu teuer. Schau mal! Die orangenen sehen toll aus.

M: Ich mag orange nicht besonders. Ich finde die schwarzen und grünen sehr gut.
Welche sind für mich am besten?

Y: Für dich sind die schwarzen am besten. Sie gefallen mir auch sehr gut.

M: Schön, dann nehme ich sie. Und dann will ich noch einen Rucksack kaufen.

Y: Wie viel Geld möchtest du ungefähr für den Rucksack ausgeben?

M: Hmm, ungefähr 80 Euro. Wie findest du den dunkelgrauen?

Y: Für etwa eine Woche ist der genau richtig. Nicht zu groß und
nicht zu klein. Und die Farbe ist sehr schön.

M: Ja, mir gefällt der Rucksack auch sehr. Dann nehme ich den.
Lass uns noch einen Reiseführer für Hannah und mich kaufen!

Y: Gerne. Lass uns in den Buchladen neben dem Eingang gehen.

Übung 3 **練習3**
29

家に帰る前に二人は本屋に立ち寄りました。音声を聞いて、どんな理由でそれぞれの本を買うことにする
／しないでしょうか。Welche Bücher kaufen oder kaufen die beiden nicht. Ergänzen Sie auch die Begründungen.

本1：買う／買わない、理由 _____   本3：買う／買わない、理由 _____

本2：買う／買わない、理由 _____   本4：買う／買わない、理由 _____

命令形の作り方（抜粋）

ルール	親称単数 二人称単数から 「-st」を無くす	敬称 二人称複数に同じ	敬称 三人称複数＋ Sie
fragen	Frag!	Fragt!	Fragen Sie!
nehmen	Nimm!	Nehmt!	Nehmen Sie!
schlafen	Schlaf!	Schlaft!	Schlafen Sie!
zuhören	Hör zu!	Hört zu!	Hören Sie zu!
sein	Sei!	Seit!	Seien Sie!

使役 (lassen) を命令形にすると、「〜しましょう」と言う意味になります。

例）Lass uns einkaufen gehen. 買い物にいきましょう。

（直訳すると「われわれを買い物しに行かせてください」）

Gruppenarbeit 2 アクティビティ2

下の店から一つ選び、ペアで買い物の会話を作りましょう。
場面に合わせて新しい形容詞を調べ、「〜すぎる」という形で使ってみましょう。
また以下の接続詞も積極的に使ってください。
最後は、クラスで会話を発表しましょう。 Wählen Sie ein Geschäft und üben Sie zu zweit
ein Einkaufsgespräch. Tragen Sie am Ende Ihren Dialog in Ihrer Lerngruppe vor.

> ~すぎる
>
> zu ...
>
> (長すぎる)
>
> (zu lang)

Bücherei

Konditorei

Elektrogeschäft

Supermarkt

Kostümverleih

Musikgeschäft

接続詞

ドイツ語では、多くの接続詞が副文で使われています。しかし、主文と主文とを接続する言葉も
あり、その場合は語順が通常の法則どおりになりますので、たいへん使いやすいです。今回紹介
するのは「deshalb（だから）」および「trotzdem（それでも）」です。

例）Er will Schuhe kaufen. Deshalb geht er ins Kaufhaus.
（彼は靴を買いたいです。だが、デパートに行きます。）
Der Rucksack ist zu teuer. Trotzdem kauft er ihn.
（リュックは高すぎます。それでも買います。）

Gruppenarbeit 3 アクティビティ3

右の写真をもとに、自由な会話を練習しましょう。デザインを評価し、値段について
の意見を交換しましょう。積極的に接続詞や、位置を指す前置詞も使ってみてくださ
い。Üben Sie einen freien Dialog auf Grundlage der nebenstehenden Fotos.

例）Ich mag den gelben Pullover neben den Schuhen
lieber als den grauen. Deshalb nehme ich ihn mit.

Übung 4 練習4

命令形を使ってレシピを書きましょう。親称と敬称のいずれかを選択し、馴染みの
あるレシピをドイツ語で書いてみましょう。料理関係の動詞は以下のリストを参照
してください。Schreiben Sie ein Ihnen gut vertrautes Rezept unter Verwendung des Imperativs.

braten	焼く	kneten	こねる
dünsten	蒸す	rühren	かき混ぜる
hacken	細かく刻む	schälen	むく
hinzufügen	加える	schneiden	切る

Potsdam

Berlin

ドイツの話 Über Deutschland

Deutsche Universitäten
ドイツの大学

Berlin

In Deutschland gibt es zurzeit 108 Universitäten. Außerdem gibt es mehr als 200 Fachhochschulen und einige Kunsthochschulen, Pädagogische Hochschulen, Theologische Hochschulen und Verwaltungsfachhochschulen.

Hannover

　多くの大学にはAudimax (Auditorium Maximum)という大講義室があり、そのAudimaxの建物は、大学のなかで本館的な役割を果たしています。とはいえ、大きな総合大学だとキャンパスが極めて広く、学生時代に一度もAudimaxに用事のない学生も少なくありません。無論、キャンパスの構造は大学によりますが、キャンパスの敷地がはっきりしておらず、大学関係の建造物が点在している例が多くあります。そのため、別のキャンパスではないものの、それぞれの研究所が遠く離れていたりします。ベルリン自由大学（Freie Universität Berlin）の例で言うと、政治学の研究所から歴史学の研究所まで徒歩30分もかかり、地下鉄の一駅の距離があるほどです。歴史の長い大学は、新築の建物とともに、何百年も前に建てられた建物をそのまま使い続けています。

　現時点では87つの公立大学があり、学生のサポートはたいへん充実しています。例えば、学費は無料で、学生証には基本的に大学のある都市や地域の乗り放題切符がついているので、結果的に通学費も無料です。ただし学費は無料ですが、学生は学期ごとにいわゆる「学期費（Semestergebühren）」だけは払わなけれ

Bonn

ばなりません。これには学生生活課（Studierendenwerk）への料金や乗り放題の切符代（Semesterticket）が含まれていますが、合計としては平均約250ユーロ（≒35,000円）だけです。

ドイツ語のことわざや不思議なドイツ語コーナー

Deutsche Sprichwörter und witziges Deutsch

vor die Hunde gehen 「犬の前に行く」

Da wird der Hund in der Pfanne verrückt.
「それならフライパンにいる犬が狂ってしまうよ」

誰か（何か）が犬の前に行ったら「**破滅します**」。語源は明らかではありませんが、狩猟の際に動物がうまく逃げられず犬に捕らえ、殺されてしまうという残酷な光景が関係しているようです。後者は「**信じられない**」を意味します。ドイツ文学に登場するEulenspiegelといういたずら者が新しい職場の上司の犬を勝手に煮てしまった、という話に由来する可能性が高いと言われています。

Steckenpferd 「棒馬」

玩具の「棒馬」から転じて**得意な趣味**を意味します。「Was ist dein Steckenpferd?」という言い方で半分笑いながら「あなたの得意なことは何ですか」と聞くことがあります。

ドイツ語文法の基礎ルールの一つである「主文の定動詞は2番目」は助動詞の場合にも当てはまります。助動詞は定動詞として扱われ、具体的なできる内容は不定詞として文末に置かれます。それは、文章がいくら長くなっても該当するルールで、そのため助動詞と不定詞がかなり離れることがあります。

例）Ich kann am Montagabend gar nicht gut schwimmen.

能力の程度を表現するための単語

ausgezeichnet – (sehr) gut – ganz gut – ein bisschen – nicht (so) gut – gar nicht

動詞＋「gehen」→ …しに行く：Ich gehe jeden Montag schwimmen.

不規則変化動詞

	fahren (a → ä)	sprechen (e → i)	sehen (e → ie)
ich	fahre	spreche	sehe
du	fährst	sprichst	siehst
er/sie/es	fährt	spricht	sieht
wir	fahren	sprechen	sehen
ihr	fahrt	sprecht	seht
sie/Sie	fahren	sprechen	sehen

Lektion 5

朝食・昼食・夕食

Was isst du zum Frühstück?   Was essen Sie zum Mittagessen?

Abends esse ich nur ein wenig Brot.

Gute Idee!   Das klingt gut!   Das hört sich gut an! Das sieht gut aus!

am Morgen / morgens, am Vormittag / vormittags, am Mittag / mittags, am Nachmittag / nachmittags, am Abend / abends, in der Nacht / nachts

文法

essenの活用：   ich esse, du isst, er/sie/es isst, wir essen, ihr esst, sie/Sie essen

müssenの活用：   ich muss, du musst, er/sie/es muss, wir müssen, ihr müsst, sie/Sie müssen

時刻を表現するためのキーワード：Uhr（時）, vor（前）, nach（後）, halb（半）, Viertel（4分の1）

時間を尋ねる：   Wie spät ist es?   Wie viel Uhr ist es?

格の意味の違い：   「Ich gehe in der Bibliothek.」（3格）「図書館の中で歩いている。」

「Ich gehe in die Bibliothek.」（4格）「図書館に行く。」

Lektion 6

部屋の説明

Der Computer steht auf dem Tisch.   Der Teppich liegt auf dem Boden.

Der Rahmen hängt über dem Bett.   Die Stühle stehen zwischen dem Tisch und dem Regal.

(links/rechts) neben, zwischen, vor, hinter, über, auf, unter, in, an

道案内

zuerst, dann, danach, anschließend, am Ende, geradeaus   abbiegen, überqueren

文法

時間に関連する前置詞

um：時刻	um 2 Uhr	im：月や季節　im Januar
am：曜日や朝など	am Montag	von ... bis ...：～から～まで von 3 bis 5 Uhr
amの例外：	in der Nacht	ab：～から ab 15 Uhr

Lektion 7

 家族写真について話す

Vorne links sitzt meine Mutter Sophie.　　　Ganz rechts sitzt meine Schwester Dorothea.
Hinten in der Mitte steht mein Onkel Stefan.

職業

Was ist deine Mutter von Beruf?　　　　Meine Mutter ist Ärztin von Beruf.
Was arbeitet dein Vater?　　　　　　　Mein Vater arbeitet als Designer.

Hast du Lust/Zeit?　　　　　　　Habt ihr Lust/Zeit?　　　　　　　Haben Sie Lust/Zeit?

文法

wollen の活用：ich will, du willst, er/sie/es will, wir wollen, ihr wollt, sie/Sie wollen
dürfen の活用：ich darf, du darfst, er/sie/es darf, wir dürfen, ihr dürft, sie/Sie dürfen
ja → 賛成　　　　　　　nein → 反対　　　　　doch → 反対すると思われたときにそれを否定

	unser の変化				euer の変化			
	男	女	中	複	男	女	中	複
1格	unser	unsere	unser	unsere	euer	eure	euer	eure
4格	unseren	unsere	unser	unsere	euren	eure	euer	eure

Lektion 8

評価

Wie findest du die Hose?　　　　　　Wie finden Sie die Hose?
Wie gefällt dir das Hemd?　　　　　　Wie gefällt Ihnen das Hemd?
Ich finde es sehr gut.　　　　　　　Mir gefällt die graue Hose besser.
Ich finde für dich das blaue Hemd am besten. Ich mag es nicht besonders.

接続詞

Er will Schuhe kaufen, deshalb geht er ins Kaufhaus.
Der Rucksack ist zu teuer, trotzdem kauft er ihn.

Kann man hier Fotos machen?　So etwas tut man nicht.　Man nimmt 200g Mehl.
Lass uns einkaufen gehen.

文法

人称代名詞						
	単数			複数		
	1人称	2人称	3人称	1人称	2人称	3人称
1格	ich	du	er/sie/es	wir	ihr	sie/Sie
3格	mir	dir	ihm/ihr/ihm	uns	euch	ihnen/Ihnen
4格	mich	dich	ihn/sie/es	uns	euch	sie/Sie

für:　für mich → 私にとって　　　　　für zwei Tage → 二日間にわたり
zu …: 〜すぎる　zu lang

命令形の作り方（抜粋）			
	親称単数	親称複数	敬称
ルール	二人称単数から「-st」を無くす	二人称複数に同じ	三人称複数＋Sie
fragen	Frag!	Fragt!	Fragen Sie!
nehmen	Nimm!	Nehmt!	Nehmen Sie!
schlafen	Schlaf!	Schlaft!	Schlafen Sie!
zuhören	Hör zu!	Hört zu!	Hören Sie zu!
sein	Sei!	Seit!	Seien Sie!

Lektion 9
Reisen

Lektion 9 で学ぶ主な内容
- 都市について話す
- はがきの書き方

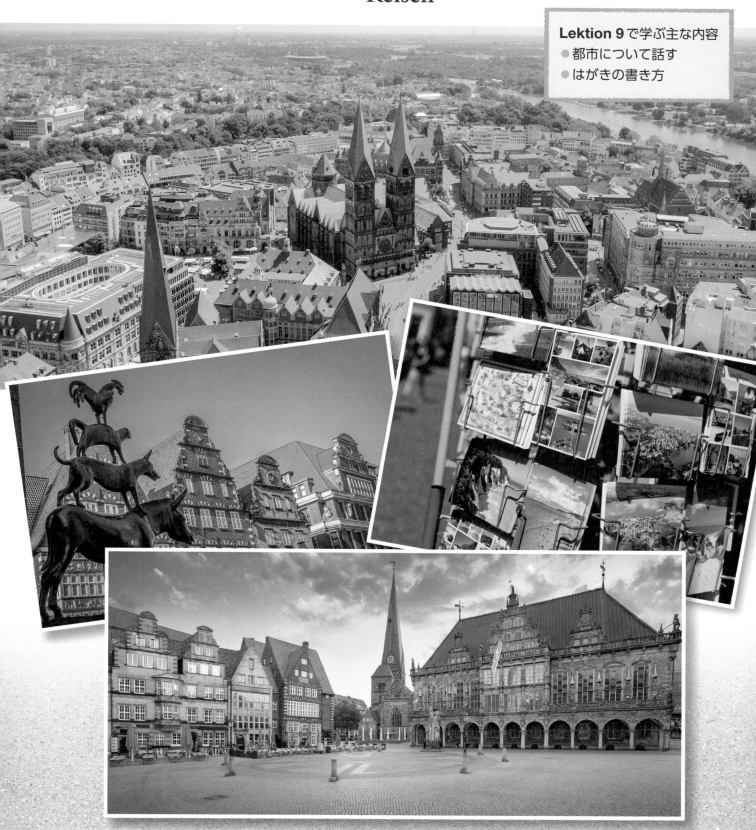

 Hören　聞いてみよう

30　MartinとHannahはブレーメン (Bremen) に着き、市庁舎前広場で美しい街並みの話
をします。Martin und Hannah sind in Bremen angekommen und sprechen über das schöne Stadtbild.

Über Städte sprechen

Lesen　読解　

Bremen ist eine Stadt im Nordwesten Deutschlands und liegt an der Weser. Ein berühmtes Wahrzeichen der Stadt ist das Bremer Rathaus. Es gehört zusammen mit dem Bremer Roland zum UNESCO-Welterbe. Außerdem gibt es in Bremen das Bremer Stadtmusikanten-Denkmal mit den Figuren des gleichnamigen Märchens. Die Bremer Altstadt hat viele historische Gebäude und kleine Gassen. Besonders bekannt ist die „Böttcherstraße". Sie ist mit ihrer expressionistischen Architektur und vielen kleinen Läden ein beliebtes Ziel für Touristen.

Redemittel　便利なフレーズ

- 　<都市名> liegt am Fluss/Meer/Berg <川・海・山の名称>
- 　<都市名> liegt im Norden/Süden/Osten/Westen von <...>.
- 　Die Stadt hat <...>. / Es gibt <...>　　　　　- Die Stadt ist berühmt für <...>.
- 　Ein berühmtes Wahrzeichen der Stadt ist <...>.
- 　Wenn man die Stadt besucht, sollte man unbedingt <…> besichtigen/machen.
- 　In <都市名> finden viel/e <イベント名> statt.
- 　Von <都市名> bis <都市名> braucht man mit <乗り物> ungefähr <時間> Stunden.

Schreiben　作文 　下の検索キーワードを使って調べてみましょう

ドイツの都市について詳しくなりましょう Lernen Sie eine Stadt in Deutschland genauer kennen

自分が気になった都市について、ドイツ語と日本語のホームページや本を参照しながら、その都市をドイツ語で紹介しましょう。簡単な地理的情報から、その都市の魅力や個人的に楽しいと思うところについて書いてください。 Suchen Sie nach geeigneten Internetseiten und Büchern über eine Stadt Ihrer Wahl und stellen Sie diese auf Deutsch vor.

Sprechen　話してみよう

自分で調べた都市の写真をグループメンバーに見せ、互いの知識を活かしながらさまざまな都市について学びましょう。自分の調べた都市を一方的に紹介するより、グループメンバーから質問を受けながら話し合ってください。

Versuchen Sie im Frage-Antwort-Dialog etwas über die Orte zu erfahren.

Quellen zur Recherche　資料を調べてみよう

- 　| Deutsche Zentrale für Tourismus | 検索 |
- 　| Stadtportal Hamburg | 検索 |　| Stadtportal Frankfurt | 検索 | ...
- 　有名なドイツ旅行案内書 (Reiseführer)：Baedeker, Dumont, Marco Polo

Lektion 10
Reiseführung

REINICKEN-DORF · PANKOW
SPANDAU · MITTE · LICHTENBERG
CHARLOTTENBURG-WILMERSDORF · MARZAHN-HELLERSDORF
STEGLITZ-ZEHLENDORF · TEMPELHOF-SCHÖNEBERG · NEUKÖLLN · TREPTOW-KÖPENICK

Lektion 10 で学ぶ主な内容
- 地図で道案内する
- 旅行の計画を立てる

Hören　聞いてみよう

31　Elsaがシュパンダウ (Spandau) に用事で行くことになり、まだ行ったことのない Martin はシュパンダウ駅まで一緒に付いていくことにしました。興味津々ですが、道がまったくわからないので、駅から別行動する前に Elsa に説明してもらいます。Elsa und Martin fahren gemeinsam nach Spandau. Bevor sie sich trennen, erklärt Elsa ihm die wichtigsten Wege.

Mit Karten Wege beschreiben

Lesen 読解

Um vom Bahnhof Friedrichstraße zum Reichstag zu kommen, gehen Sie zuerst in Richtung Süden die Friedrichstraße entlang. Nach etwa fünf Minuten erreichen Sie die Straße Unter den Linden. Zwischendurch sehen Sie linker Hand den Buchladen Dussmann. Biegen Sie an der Kreuzung rechts ab und folgen Sie der Straße bis zum Ende. Sie laufen dann direkt durch das Brandenburger Tor. Biegen Sie hinter dem Tor rechts ab und kurz danach links auf die Scheidemannstraße. Rechts sehen Sie dann schon den Reichstag. Vor dem Gebäude befindet sich der Platz der Republik und gegenüber am Fluss sehen Sie das Bundeskanzleramt.

Redemittel 便利なフレーズ

- 動詞：links/rechts abbiegen, geradeaus gehen, überqueren, vorbeigehen, weitergehen, folgen, erreichen, entfernt sein
- 名詞：Ampel, Kreuzung, Brücke, Platz, Gehweg, Zebrastreifen, Richtung Norden/ Süden/Osten/Westen, Parkplatz, Einbahnstraße, Schild
- その他の語彙・表現：linker/rechter Hand, gegenüber, in Richtung von
- 文法：命令形（Lektion 8 参照）、um ... zu ...：…をするには

Schreiben 作文 下の検索キーワードを使って調べてみましょう

実際の都市の地図を参考にして、案内を作りましょう Führen Sie anhand einer Karte durch eine Stadt

ドイツで気になる都市を選んで、地図を見てみましょう。したいことを決めて、「それはどこでできるか」から場面設定してください。そして、中央駅に着いたとし、地図で道を調べましょう。目的地までの道がわかったら、その道中にある目印となる建造物・公園・駅等を確認し、それらを辿りながら道を案内してみましょう。Schreiben Sie eine Wegeanleitung vom Hauptbahnhof bis zu einem Ort Ihrer Wahl. Verweisen Sie dabei auch auf charakteristische Punkte wie Gebäude.

Sprechen 話してみよう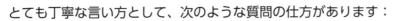

地図を見せながら、作った案内文をクラスで互いに発表し合いましょう。まずは、指で道を示さずに、聞くだけで目的地に着けるでしょうか。その発表が終わったら、さらに別の場所への道を尋ねてみましょう。Üben Sie das Wegeführen in der Gruppe.

とても丁寧な言い方として、次のような質問の仕方があります：
Entschuldigung, könnten Sie mir bitte sagen, wie ich zum/zur ... komme?

Quellen zur Recherche 資料を調べてみよう

- ドイツ語しか書いていない地図に慣れましょう：OpenStreetMap - Deutschland
- Deutsche Zentrale für Tourismus の HP にある観光ツアーを参照に、1日にどこ通っていけるかを簡単に説明してみましょう。

Reiseplanung

Lesen 読解

Haben Sie Lust, eine Reise durch Norddeutschland zu machen? Ich möchte Ihnen einen Reiseplan für eine Woche vorstellen. Am ersten Tag der Reise empfehle ich Ihnen einen Besuch in der Hansestadt Hamburg. Hier haben Sie die Möglichkeit, den beeindruckenden Hafen zu sehen und eine Schiffrundfahrt zu machen. Am Abend sollten Sie unbedingt in einem der vielen Restaurants am Hafen ein traditionelles Fischgericht kosten. Ein Hotel finden Sie zum Beispiel in der Nähe des Hauptbahnhofs für ungefähr 120 Euro pro Nacht. Am nächsten Tag empfehle ich eine Fahrt nach Rostock. Sie brauchen bis dort mit dem ICE oder IC ungefähr 2 Stunden, die Fahrt kostet etwa 25 Euro und Sie müssen nicht umsteigen.

Redemittel 便利なフレーズ

- 単語一般：vorstellen, empfehlen, umsteigen, Direktverbindung, am ersten Tag
- 形容詞：atemberaubend, authentisch, bezaubernd, beeindruckend, einzigartig, faszinierend, historisch, idyllisch, malerisch, prächtig, romantisch, sehenswert, spektakulär, traumhaft, unvergesslich, unvergleichlich, vielseitig, vielfältig
- 助動詞 sollen の接続法二式 → Dort sollten Sie unbedingt Currywurst essen gehen.
  （そこではぜひカレーソーセージを食べるべきです。）

Schreiben 作文 下の検索キーワードを使って調べてみましょう

ドイツの旅行計画を書きましょう Planen Sie eine Reise in Deutschland

友人のために魅力的で個性的な旅行プランを作りましょう。ドイツ内の色んな都市を旅行しても、あるいは一つのドイツの都市に数日滞在しても構いません。各目的地に着くにはどの乗り物でどれほどかかるかも調べ、より具体的な計画を立てて、友人にすすめる文章を書いてください。またドイツの大都市や地方でのホテル代も比較し、ある程度まで費用のイメージもできればなお良いでしょう。Entwickeln Sie einen Plan für eine spannende Reise in Deutschland oder einer deutschen Stadt. Suchen Sie dabei auch nach Informationen über Hotels oder Bahnverbindungen.

Sprechen 話してみよう

クラス内でそれぞれの計画を紹介しましょう。発表の際、最初は細かい点を割愛し、大まかな全体の流れだけを伝えましょう。聞く側はそれを受けて、質問をしてください。Stellen Sie in der Gruppe grob Ihre Pläne vor und stellen Sie im Anschluss verschiedene Fragen über die Reise.

次のような質問を使えば、話はより広がるでしょう：

Wie lange dauert es, um von ... nach ... zu kommen?; Wann fahren die ... nach...?;
Wie viel kostet das Ticket nach...?; Welche Sehenswürdigkeiten empfehlen Sie mir?;
Wie komme ich am besten vom Flughafen / Bahnhof zum Hotel?

Quellen zur Recherche 資料を調べてみよう

- ドイツ鉄道のホームページ： | Deutsche Bahn | 検索
- ホテル検索もドイツ語で行いましょう：

| HRS | 検索 | | trivago | 検索 | | Hotel.de | 検索 |

ドイツの話 Über Deutschland

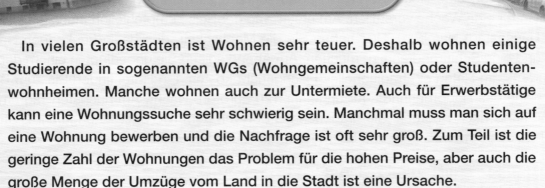

Wohnen
住宅事情

In vielen Großstädten ist Wohnen sehr teuer. Deshalb wohnen einige Studierende in sogenannten WGs (Wohngemeinschaften) oder Studentenwohnheimen. Manche wohnen auch zur Untermiete. Auch für Erwerbstätige kann eine Wohnungssuche sehr schwierig sein. Manchmal muss man sich auf eine Wohnung bewerben und die Nachfrage ist oft sehr groß. Zum Teil ist die geringe Zahl der Wohnungen das Problem für die hohen Preise, aber auch die große Menge der Umzüge vom Land in die Stadt ist eine Ursache.

ドイツの住宅事情の悪化の原因として、「住宅の不足」と「都市の人口増加」以外にも多くの点が挙げられます。一つは、移民が急増したことにより予想された数よりもはるかに住宅が必要になったことです。また今後の大きな課題としては、環境にやさしい住宅の建設があります。ドイツは将来的に気候に悪影響を及ぼす原因をゼロにできるよう準備している段階ですが、住宅の文脈で特に関係してくるのは断熱と暖房装置です。エネルギーを削減するためには断熱が必要です。さらに、これまでのドイツは石油暖房とガス暖房が主流だったので、それらも環境にやさしい住宅という目標とは両立しません。しかも、ドイツの「気候悪影響ゼロ（Klimaneutralität）」の目標は、2045年に達成するように設定されているので、石油暖房とガス暖房の耐久性を考えると、現時点で新たな設置を認可することも矛盾します。その問題はこれから段々と深刻になるでしょう。

住宅の話に戻ると、環境保護の課題は住宅問題と深く関連しています。一軒家の所有者はもちろん、貸借人の負担にもなります。貸借人は直接に何かを払うことはないかもしれませんが、賃貸アパートの所有者は自らが行わなければならないリフォームにかけたお金を、家賃の増額によって返してもらうパターンが多いと思われるからです。しかし、こうした負担を避けるためにさまざまな措置も検討されており、一つの手がかりとして低所得者用住宅（Sozialwohnung）がよく話題になります。

 DEUTSCH ## ドイツ語のことわざや不思議なドイツ語コーナー
Deutsche Sprichwörter und witziges Deutsch

Kuh vom Eis holen 「凍った湖から牛を救ってあげる」

非常に難しい問題を解決するとき、この言い方を使うことがあります。牛は頑固なイメージがあり、そうした牛が凍った湖に行ってしまったら、牛を安全な場所に誘導することは農家にとって困難な課題であることに由来すると言われています。

Ich glaube, mein Schwein pfeift
「私の豚は口笛を吹いている気がします」

豚は口笛が吹けないので、**ありえないことにびっくりしたとき**、使う表現です。

Lektion 11
Regeln und Vermutungen

Parken verboten

Bitte
ABSTAND HALTEN
mind. 2 Meter

Lektion 11 で学ぶ主な内容
- ルールを説明する
- 推測を述べる

Eisfläche nicht tragfähig.
Betreten verboten.
Unfall- und Lebensgefahr!
Landeshauptstadt München
Baureferat-Gartenbau

Baden verboten

Regeln zum Betrieb von Modelbooten
Nur langsam fahrende, Batterie betriebene
Boote verwenden.
Renn-/Schnellboote, Benzinmotoren
und akustische Effekte (z.B. Sirenen)
sind nicht zulässig.
Nehmen sie Rücksicht auf Wasservögel
und meiden Sie die Schilfgürtel!
Landeshauptstadt München
Baureferat Gartenbau

Radfahrer absteigen

Di 21.07., M.22.07
Do23 .07.2020
KEIN Übergang
Brücke

Bitte König-
Ludwig-Brücke
bzw. Maxsteg
(jew. ca. 10 Min.)
benutzen

Martin は犬を連れて自転車で地下鉄に乗り、街中で買い物をしてきました。地下鉄で他の乗客に何回か叱られてしまいました。家に帰り、そのことについて Elsa と話し合います。Martin ist mit Hund und Fahrrad mit der U-Bahn einkaufen gefahren. Unterwegs wurde er mehrmals von anderen Fahrgästen ermahnt. Er spricht mit Elsa über seine Erfahrungen.

Regeln formulieren

Lesen 読解

In Deutschland gibt es viele Regeln für das öffentliche und private Leben. Beispiele sind Mülltrennung, Rauchen und Trinkgeld. In Deutschland muss der Müll sorgfältig getrennt werden. In der Regel gibt es dafür verschiedene Tonnen in Wohnungen, Häusern und auf öffentlichen Plätzen. Der Müll wird hier nach Papier, Glas, Plastik, Bioabfall und Restmüll getrennt. Die verschiedenen Tonnen haben unterschiedliche Farben, damit man ihren Inhalt leicht erkennt. In Deutschland ist das Rauchen in öffentlichen Gebäuden oder Restaurants und Bars verboten. Im Freien ist das Rauchen jedoch meistens erlaubt. Schließlich wird in einem Restaurant oder einer Bar, aber auch beispielsweise im Taxi das Zahlen von Trinkgeld erwartet. Dabei ist es üblich, etwa 10 Prozent der Rechnung als Trinkgeld zu geben. Außerdem sollte kein oder möglichst wenig Wechselgeld entstehen.

Redemittel 便利なフレーズ

- 単語：erlaubt, erforderlich, erwartet werden, geboten, gewünscht, in der Regel, möglichst, normalerweise, notwendig, ratsam, untersagt, üblich, unbedingt
- 「müssen」「nicht dürfen」「sollen」に加え、受け身を使うことも比較的に多くなります。
  例) Man muss den Müll sonntags rausbringen.→Der Müll wird sonntags rausgebracht.
- ルールの目的を説明する：damit
  例) Müll darf nicht weggeschmissen werden, damit die Straßen sauber bleiben.

Schreiben 作文 下の検索キーワードを使って調べてみましょう

ドイツの日常生活に関わるルールについて詳しくなりましょう
Lernen Sie etwas über Regeln aus dem alltäglichen Leben in Deutschland

クラス内でドイツの日常生活に関わるルールについて、いくつかのテーマごとに担当を決め、ドイツ語の資料を中心にそのテーマについて調べましょう。そして、最も重要な点および日本と違う点をまとめ、文章にしましょう。Verteilen Sie in der Lerngruppe verschiedene Themen an mehrere Gruppen und schreiben Sie einen Text über Regeln in Deutschland.

テーマの例：
ゴミ分別、自転車ルール、電車の乗り方、日曜日の過ごし方の注意点、礼儀作法

Sprechen 話してみよう

上で調べたルールや習慣を発表しましょう。その際、まずはどのようなルールがあるかだけを発表し、その理由について質問してもらいましょう。Stellen Sie Ihre Regeln vor und fragen untereinander nach den Gründen.

質問の表現：
Warum muss man in Deutschland ... ?　　Warum darf man in Deutschland nicht ... ?

Quellen zur Recherche 資料を調べてみよう
– Bundesministerium für Wirtschaft und Klimaschutz Ratgeber Leben in Deutschland 　検索
– Etikette in Deutschland 　検索

Vermutungen äußern

Lesen 読解

Auf dem Bild sieht man einen Jungen mit einem sehr dicken Bauch. Ich glaube, dass er in einem Wald unter einem Baum liegt und sich ausruht. Seine Hose ist sehr sauber und deshalb vermute ich, dass er nicht erschöpft nach einer Flucht ist. Er hat etwas in seinem Mund. Ich könnte mir vorstellen, dass er eine leckere Süßigkeit isst und deshalb sein Bauch so groß ist. Ein anderes Bild zeigt zwei Jungen mit einer großen Säge. Sie zersägen eine Brücke über einem kleinen Fluss. Es ist wahrscheinlich, dass sie wollen, dass jemand in den Fluss stürzt. Vermutlich kommt später in der Geschichte eine dritte Person dazu und die beiden Jungen überlisten sie.

Redemittel 便利なフレーズ

- Ich glaube, dass ...; Ich vermute, dass ...; Ich könnte mir vorstellen, dass ...; Es könnte sein, dass ... （dass で始まる文章は副文のため、語順に気をつけましょう）
- Es sieht aus, als ob <副文>.
- anscheinend, denkbar, eventuell, möglicherweise, offenbar, vermutlich, vielleicht, vorstellbar, wahrscheinlich
- 写真・絵の描写：Ich sehe ...; Auf dem Bild ist ...; Das Bild zeigt ...

Schreiben 作文 下の検索キーワードを使って調べてみましょう

文学作品を題材に推測の表現を練習しましょう Üben Sie das Vermuten anhand von Literatur

まずは挿絵が多くある "いたずら者" の作品を選んでください。有名なものとして『Max und Moritz』や『Till Eulenspiegel』があります。そうした作品には複数の小話が含まれていますが、直感で一番気になる挿絵を選びましょう。そして、その話で何が起こったかを推測し、その推測をドイツ語で書いてみましょう。終わったら、挿絵がついてある文章を原文で読みましょう。  Wählen Sie ein reich bebildertes Werk wie *Max und Moritz* oder *Till Eulenspiegel* aus und beschreiben Sie Ihre Vermutungen über den Inhalt der Geschichten. Lesen Sie anschließend den Begleittext.

Sprechen 話してみよう

今度は、他のクラスメンバーに自分が調べた挿絵を見せ、話の内容を推測を聞してもらいましょう。ヒントも少しずつドイツ語で出してみてください。 Zeigen Sie die Bilder in der Gruppe und tauschen sich über Ihre Vermutungen aus.

推測の表現：

Eine Möglichkeit ist, dass ... / Hast du schon daran gedacht, dass ... /
Vor/Nach dieser Szene machen die beiden Jungen ...

Quellen zur Recherche 資料を調べてみよう

- Project Gutenberg 検索
- 挿絵つきの童話集：*Grimms Märchen: Mit den Illustrationen von Ruth Koser-Michaëls*、
*Die schönsten Märchen der Brüder Grimm: Mit Illustrationen von
Silvio Neuendorf*、...

Lektion 11: Regeln und Vermutungen

ドイツの話　Über Deutschland

Schule in Deutschland
ドイツの学校

In Deutschland gibt es die Grundschule und die Oberschule. Alle Kinder besuchen die Grundschule für die gleiche Zeitdauer (4 Jahre; in einigen Bundesländern 6 Jahre), aber die Oberschule enthält vier verschiedene Typen mit unterschiedlicher Dauer: Hauptschule (5 oder 6 Jahre), Realschule (6 Jahre), Gymnasium (8 oder 9 Jahre) und Gesamtschule (5/6 oder 8/9 Jahre). Am Gymnasium und der Gesamtschule kann man das Abitur machen und mit dem Abitur darf man eine Universität besuchen.

ドイツの学校は、校舎の違いでわかることがよくあります。例えば、小学校は新しい建物が多いのですが、Gymnasium は立派な建築が少なくありません。また日本と大きく違うのは、学校ごとにプールがあることは非常に珍しく、基本的には市のプールを利用します。体育館はだいたいありますが、グラウンドのない学校が多く、複数の学校が市のグラウンドを使うことがよく見られます。給食は強制ではなく、登録している生徒は学食で食べ、お弁当の生徒は好きな場所で食べます。ただ、クラスの全員が揃って教室で食べることはあまりありません。

なお、学校制度自体は国が定めますが、教育全体の理念や試験の内容から細かいところまでは州が自由に決められます。例えばドイツでは、Abiturの試験を全国共通にする動きがありますが、以前は同じ州でも学校ごとで試験すら違っていたので、全国共通テストの導入は大きな課題です。Gymnasium の卒業生はみな「Abitur」という資格を獲得し、その総合成績をもって大学入学を申請するので、不平等が生じないようにさまざまな工夫が徐々にされています。

大学に入学したいときに必要となる Abitur の成績は、Gymnasium の最後の2年の総合成績です。最後の半年に行われる最終試験の成績は影響が割合的に大きいのですが、この時に良い点数が取れなかったとしても、2年間貯めてきた成績で補うことができます（逆の効果もありますが）。しかも、2年間の成績のすべてをカウントするのではなく、悪かった成績をカウントから外すことも多少は可能です。

DEUTSCH　ドイツ語のことわざや不思議なドイツ語コーナー
Deutsche Sprichwörter und witziges Deutsch

seinen Senf dazugeben　「自分のマスタードを加える」

「口出しをする」を意味し、誰かが勝手に自分の意見を言うときに使います。この表現の由来は17世紀まで遡り、料理に合わないのに、上品な印象を与えるためにマスタードが付け加えられた習慣からきているようです。

Jemandem etwas in die Schuhe schieben　「誰かの靴に何かを押し込む」

「責任（罪）をなすりつける」という意味です。泥棒は、宿泊施設で夜を過ごすときに、自分で盗んだものを別の人の靴に隠したことに由来します。

Lektion 12
Meinungen und Vergangenes

Lektion 12で学ぶ主な内容
- ●意見と根拠を表現する
- ●過去について話す

Hören　聞いてみよう

ドイツにおける環境保護は、不十分な点も多々ありますが、さまざまな領域で徐々に対策がとられてきています。Martinは最近、スーパーでいくつかの点が工夫されていると感じ、それについてYoshizaneと一緒に話し合いました。Martin spricht mit Yoshizane über einige Entdeckungen zum Umweltschutz, die er in Supermärkten gemacht hat.

Meinungen äußern und Gründe nennen

Lesen 読解

Ich bin der Meinung, dass Klimaschutz eine wichtige Aufgabe ist. Ich denke, wir müssen auch neue Technologien stark fördern, weil wir die Wirtschaft nicht schwächen dürfen. Ich finde es wichtig, die Vorteile der erneuerbaren Energien zu nutzen. Da wir aber in der Zwischenzeit auf fossile Brennstoffe angewiesen sind, müssen wir einen vernünftigen Übergang planen. Insgesamt bin ich der Meinung, dass Klimaschutz sehr bedeutend ist, aber wir müssen gemeinsam dafür vernünftige Lösungen finden.

Redemittel 便利なフレーズ

- 意見を言う：Meiner Meinung nach ...; Aus meiner Sicht ...; Ich denke / finde / glaube, dass ...; Ich bin der Ansicht, dass ...
- 根拠を伝える：Der Grund dafür ist, dass ...; Das liegt daran, dass ...; Der Hauptgrund dafür ist, dass ...; Es gibt mehrere Gründe dafür. Zum Beispiel ...
- 根拠を述べるための接続詞：weil / da（副文になります）
- まとめる：Insgesamt denke ich, dass ...; Zusammenfassend würde ich sagen, dass ...; Abschließend kann ich sagen, dass ...;

Schreiben 作文 下の検索キーワードを使って調べてみましょう

社会問題について意見交換しましょう Tauschen Sie sich über gesellschaftliche Probleme aus

ドイツの政治界で議論されている社会問題について詳しくなり、意見とその根拠を表現できるように練習しましょう。クラスをグループに分け、そこで特定の政党の立場を取り、自分の個人的な意見と関係なくロールプレイという形で作文してみましょう。クラスで注目するテーマを決めてから、各グループごとに一つの政党の立場について調べましょう。各政党は選挙の年に選挙綱領（Wahlprogramm）を公開するので、それを題材に調べると一番分かりやすいでしょう。選挙綱領は、多くの場合、簡易ドイツ語版（leichte Sprache）もあるので、そこから始めても良いかもしれません。Wählen Sie ein Thema für die gesamte Lerngruppe. Sie können dann sowohl über Ihre eigene Meinung und deren Gründe schreiben als auch über die Positionen von politischen Parteien.

Sprechen 話してみよう

今度は、クラスで各自用意したものを発表しましょう。発表を聞く側は、自分が担当した政党の立場を念頭に発表内容を聞いてください。疑問に思う点やまったく賛成できない内容があれば、自分の立場を説明するとともに、ある程度納得できるまで発表者に丁寧に説明してもらいましょう。Tauschen Sie sich über die verschiedenen Standpunkte und Ihre Meinungen dazu aus.

Quellen zur Recherche 資料を調べてみよう

- Bundestagswahl Wahlprogramm ＜政党名＞ 検索
- Bundeszentrale für politische Bildung einfach POLITIK 検索

Über Vergangenes sprechen

Lesen　読解　

Vor einer Woche habe ich eine beeindruckende Stadt besucht. Ein Kernproblem der Stadt war die steigende Zahl von Autos und der Verkehr. Deshalb wurde die Luft stark verschmutzt und die Treibhausgasemissionen sind angestiegen. Es wurde daraufhin beschlossen, in ein umfassendes öffentliches Verkehrssystem zu investieren. Es sollte auch die umliegenden Dörfer und Städte einbeziehen. Außerdem sind viele neue Fahrradwege entstanden. Zudem gab es öffentliche Projekte mit dem Ziel, auch die Bürger*innen an der Verkehrswende zu beteiligen. Durch die Maßnahmen wurden sowohl die Luftqualität in der Stadt als auch die Mobilität der Menschen deutlich verbessert.

Redemittel　便利なフレーズ　

- Ein Kernproblem war ...; Eine besonders wichtige Aufgabe war ...
- Es wurde beschlossen / entschieden, dass...
- Eine wichtige Maßnahme war ...; Ein wichtiger Schritt war ...;
- Es wurden verschiedene Maßnahmen ergriffen, um...
- Es wurde ein Projekt gestartet mit dem Ziel, ...; Es gab viele Anstrengungen, um ...

Schreiben　作文　　下の検索キーワードを使って調べてみましょう

ドイツのSDGsに対するドイツの理解を知り、それに適した生活を想像しましょう

Denken Sie über ein Leben im Sinne der SDGs-Ziele nach

グループでSDGs（持続可能な開発目標）17の目標から一つをピックアップし、その目標が理想的に実現されている架空の都市や地方を想定してみましょう。新聞記者であるあなたたちは、その場所に取材のため行ってきたので、その経験について記事を書いてください。17の目標の具体的な理解は国によって異なるので、ドイツの対策について調べてみるとより良いでしょう。Wählen Sie sich eines der 17 Ziele und recherchieren Sie zu den konkreten Problemen und Lösungsansätzen. Schreiben Sie in einem Zeitungsartikel über eine ideale Gesellschaft, die diese Punkte bereits umgesetzt hat.

Sprechen　話してみよう　

上で作った新聞記事を集め、クラス新聞を作り、まずは回覧しましょう。そして、人が作った記事について感想を言い、66ページの便利なフレーズを使って意見交換を行いましょう。いきなり意見を述べるのではなく、まずは記事の内容を簡単にまとめると良いでしょう。Lesen Sie die Zeitungsartikel und tauschen Sie anschließend Ihre Meinungen dazu aus.

Quellen zur Recherche　資料を調べてみよう

- | unric 17 Ziele | 検索 |
- | Bundesregierung SDGs | 検索 |

ドイツの話　Über Deutschland

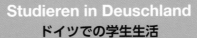

Studieren in Deuschland
ドイツでの学生生活

Das akademische Jahr in Deutschland beginnt im Oktober. Das erste Halbjahr bis März heißt Wintersemester und das zweite Sommersemester. Bei vielen Studiengängen bekommt man einen Bachelor- oder Masterabschluss. Man studiert dafür 3 beziehungsweise 2 Jahre.

　ドイツの大学の1限目は朝8時スタートで、6限目は20時終了です。しかし、c.t.(cum tempore)とs.t.(sine tempore)という書き方があり、8時から10時までの1限目はc.t.で行われていますので、実際の授業時間は8時15分から9時45分までの90分です。大学の授業はそれが基本で、s.t.、つまり数字通りの開催時間の方が例外です（例えば講演会ではs.t.がたまに使われています）。したがって、大学の授業などでいずれかの明記がなかった場合、c.t.の時間だと思った方が良いです。

　1限目から6限目までは休みなく授業が続いており、すべての時間に授業を入れてしまったら、お昼を食べる時間がないということになります。そもそも、バランスよく時間割を作っておけば、1日に6コマもあるようなことはまずありません。それに加え、どこかで必ず授業が行われている利点の一つは、12時からランチを食べる人が多いとはいえ、食堂がほぼすべての学生でいきなり混むことがないということです。

Bachelor と Master の導入により大学が制度化され、少し融通が効かなくなったという意見はありますが、実際には今でも学生に余裕を持たせる面がいくつかあります。例えば、文系だと学年が高くなるにつれ、筆記試験ではなくレポート提出が少しずつ多くなります。提出期限は基本的に学期末なので、3月末あるいは9月末になります。しかし、そうしたルールがあるにもかかわらず、実際は大幅に提出期限を遅れる学生が少なくなく、場合によっては提出が何年間か後になったりします。正式な提出期限を過ぎてから、どこまで提出を認めてもらえるかは、担当教員次第です。

ドイツ語のことわざや不思議なドイツ語コーナー
Deutsche Sprichwörter und witziges Deutsch

Seinem Affen Zucker geben　「自分の猿に砂糖をやる」

まわりを気にせず思ったまま**好き勝手に行動する**ときは「猿に砂糖をやります」。その表現の由来は手回しオルガンにあり、猿はよく付きものでした。その猿の仕事は、音楽に合わせ面白い曲芸をすることです。猿がやる気をなくした際に、砂糖をやったことから来ている表現です。自分の少し変わったところを遠慮なく人に見せるときと似ているからでしょう。現在は、手回しオルガンの上に猿のぬいぐるみがよく座っています。

in einem Affentempo　「猿の速度と同じぐらい」
猿は、誰かが**異常に速く行動したときの例え**としても使われています。

Lektion 13
Bedingungen und Aufforderungen

Lektion 13 で学ぶ主な内容
- 条件
- 指示

Hören　聞いてみよう

 34 Walter は図書館が大好きです。しかし、先日本の返却が遅れてしまい、ちょっとした罰金が科されました。自分はルールがまだよく分かっていないことに気づき、Martin に貸出・返却について尋ねます。Walter hat die Rückgabefrist von Büchern nicht eingehalten und muss nun Gebühren bezahlen. Martin erklärt ihm die Regeln für die Ausleihe und Rückgabe.

Bedingungen formulieren

Lesen　読解

Die Erderwärmung steigt mit jedem Jahr. Wenn wir jedoch jetzt handeln, können wir eine bessere Zukunft schaffen. Wir müssen zum Beispiel die Emission von Treibhausgasen reduzieren. Wenn wir mehr Energie aus erneuerbaren Quellen verwenden, sinken die Emissionen sehr stark. Falls wir außerdem unsere Städte und Gemeinden nicht fußgänger- und fahrradfreundlich gestalten, kann der Autoverkehr nicht reduziert werden und die Luftverschmutzung steigt. Ein weiterer wichtiger Punkt ist die Landwirtschaft. Wenn wir auf nachhaltige Praktiken umstellen, können wir den Boden und das Wasser schützen. Ohne schließlich unsere Konsumgewohnheiten zu ändern und weniger Müll zu produzieren, verschwenden wir viele wertvolle Ressourcen. Dadurch belasten wir unsere Umwelt.

Redemittel　便利なフレーズ

- **wenn**（満たされそうな条件）: Wenn die Ferien beginnen, kann ich ins Ausland fahren.
- **falls**（満たされなさそうな条件）: Falls es regnet, gehen wir nicht ins Schwimmbad.
- **ohne**（「…ない限り」）: Ohne mein Fahrrad möchte ich nicht zur Uni fahren.
- Unter der Bedingung, dass ...; Angenommen, dass ...; Vorausgesetzt, dass ...

Schreiben　作文 　下の検索キーワードを使って調べてみましょう

ドイツの環境保全活動に詳しくなり、さまざまな条件文を作りましょう

Formulieren Sie Bedingungen auf Grundlage von Umweltschutzaktionen in Deutschland

環境保全と関係するテーマを選び、それについてドイツ語の資料を中心に調べてください。環境保全は、現状の描写だけではなく、解決策も多く紹介されていますので、いくつかをピックアップし、説得力のあるテクストやプレゼンテーション資料を作りましょう。テーマとなりうるのは、動植物の種の保護・再生可能エネルギー・栄養などです。Wählen Sie eine Fragestellung zum Thema Klimaschutz und erstellen Sie eine Präsentation zum gegenwärtigen Zustand sowie Lösungsansätzen.

Sprechen　話してみよう

次に、用意した文章をプレゼンテーションしましょう。文章を読み上げる前に、取り上げたテーマを象徴する写真を探し、まずそれを見せてください。その写真は何の問題を表すか、皆にドイツ語で考えてもらいましょう。写真がわかりにくい場合は、ヒントを上げても構いません。問題がはっきりしてきたら、解決につながる方法を条件文で紹介しましょう。Stellen Sie Ihre Präsentationen vor und hören Sie zuvor von Ihren Kommiliton*inn*en Vorschläge zum jeweiligen Problem.

Quellen zur Recherche　資料を調べてみよう

- NABU - Naturschutzbund Deutschland 　検索
- BMUV - Bundesministerium für Umwelt, Naturschutz, nukleare Sicherheit und Verbraucherschutz 　検索

Aufforderungen äußern und übermitteln

Lesen 読解

A: Hallo, wie geht es dir?

B: Hallo, schön dich zu sehen. Sehr gut danke. Und dir?

A: Mir geht es auch sehr gut. Sag mal, was trägst du da?

B: Das ist mein Gemüseeinkauf. Paprika, Möhren ...

A: Und alles in einer Plastiktüte ... Könntest du bitte versuchen, weniger Plastik zu verwenden? Es ist sehr umweltschädlich. Nimm doch bitte lieber Stoffbeutel.

B: Stimmt, das ist eine gute Idee. Kannst du bitte kurz die Tüten halten?

A: Ja klar, kein Problem. Warum?

B: Ich gehe gleich im Supermarkt einen neuen Beutel kaufen. Ich habe keinen guten.

A: Perfekt! Würdest du bitte für mich auch einen kaufen?

B: Natürlich, gerne. Bis gleich.

Redemittel 便利なフレーズ

- Könntest/Würdest du bitte ...?　例）Könntest du bitte aufhören, mich nach 20 Uhr anzurufen? / Würdest du bitte das Radio leiser machen?
- Mach doch bitte ... .　例）Mach doch bitte das Fenster auf.
- Kannst du bitte ...?　例）Kannst du bitte diese Kiste tragen?
- 指示の伝達：... sagt, dass ...；例）Mein Bruder sagt, dass ich weniger fernsehen soll. / Er hat mir gesagt, dass ich morgen um 9 Uhr kommen soll.

Schreiben 作文 　下の検索キーワードを使って調べてみましょう

環境保全につながる行動を指示してみよう Formulieren Sie Anweisungen zum Klimaschutz

70ページの課題においてクラスで調べた内容をもとに、具体的な行動指示を考えましょう。まずは自分が担当したテーマについてより詳しく調べ、関係機関が提示している対策を知りましょう。今回は条件文ではなく、指示文を利用して解決策を表現するので、2人以上のロールプレイで書いてみましょう（1人は環境保全をあまり意識できていない人で、もう1人にいろいろと指摘されるという設定）。問題解決につながる行動を具体的に描くことによってよりインパクトのあるメッセージを作ってください。Recherchieren Sie genauer zu den einzelnen Maßnahmen und formulieren Sie Aufforderungen in dialogischer Form. Einer der Beteiligten soll dabei schlechte Kenntnisse im Umweltschutz haben und dementsprechend von der zweiten Person korrigiert werden.

Sprechen 話してみよう

脚本ができたらその場面を実際に演じましょう。一つのテーマの発表が終わったら、見ていた人には、その話に含まれた指示を、誰かに伝える形でまとめてもらいましょう。また、発表を見た際に生じた質問や疑問も積極的に発表者に聞き、その背景をより詳しく説明してもらってください。Führen Sie den Dialog auf. Die Zuhörenden sollen anschließend die Aufforderungen an dritte weitergeben. Fragen Sie auch nach, wenn Ihnen Zweifel zu bestimmten Themen kommen.

Quellen zur Recherche 資料を調べてみよう

- Umwelt Bundesamt - Themen 　検索

UMWELTSCHUTZ

ドイツの話 Über Deutschland

Gedenken in Berlin
ベルリンと記憶

In Berlin gibt es viele kleine goldene Steine: die sogenannten Stolpersteine. Sie sind ungefähr 10 x 10 cm groß und erinnern an die Menschen, die zwischen 1933 und 1945 von den Nationalsozialisten verfolgt wurden. Die Steine befinden sich vor den Wohnungen, die die Verfolgten zuletzt frei gewählt hatten. Auf dem Stein kann man den Namen, die Lebensdaten und eine kurze Beschreibung des tragischen Lebens der Personen lesen.

そもそもなぜ「つまづき石」という名前が付いているのでしょうか。そこには、薄れてきた歴史の記憶につまずくという意味合いがあり、我々がその記憶を忘れてしまわないよう、石から呼びかけられているのです。Stolpersteine が初めて作られたのは、1996年です。碑名の対象となる人物は、ユダヤ人だけではなく、一般的にナチスによる被迫害者・犠牲者の元ベルリン住人です。

ベルリンで特に犠牲者になったユダヤ人の記憶の場として有名なのは、ブランデンブルク門のすぐ近くにある「虐殺されたヨーロッパのユダヤ人のための記念碑 (Denkmal für die ermordeten Juden Europas)」です。そこでは、2,711基ものコンクリート製の石碑が常に一般公開されています。石碑の間に狭い通路があり、石碑群の真ん中に進むにつれ、地面の位置がどんどん低くなります。そのため、石碑の高さが異なり、一番低いのは1メートルも満たしませんが、最も高い石碑は4.7メートルもあります。これらの記念

碑に面している通りは、この教科書の登場人物のモデルとなったHannah Arendtに由来して、「Hannah-Arendt-Straße」と言います。彼女もユダヤ人だったため、早い段階でまずフランスに逃げ、その後1941年にアメリカ合衆国に亡命しました。

「Denkmal」というドイツ語は、そのまま読むと「考えてみよう」という風に見え、そのような捉え方も魅力的ではありますが、本当の語源は「mnēmósynon」というギリシャ語のドイツ語訳で、「記憶」と「標」という意味からなり、"記憶の助け"となるものです。

ドイツ語のことわざや不思議なドイツ語コーナー
Deutsche Sprichwörter und witziges Deutsch

Hopfen und Malz verloren 「ホップとモルトの無駄づかい」

何か（誰か）が「どうしようもない」ときに使います。由来はわかりやすく、ホップとモルトはビール醸造で使うので、正常に出来上がらなかった際はその材料がどうしようもなくなってしまったことから、今日はその表現をさまざまな場面で使います。

Schadenfreude 「損害楽」　　**Fremdschämen** 「他恥」

前者は、**他人の不幸や失敗を喜ぶ気持ち**という何とも言えない浅ましいことを指します。後者は逆に、他人事にもかかわらずあまりにも恥ずかしい話を聞いたことを伺ったときに**自分も恥ずかしくなること**を言います。

Lektion 14
Gefühle und Literatur

Lektion 14で学ぶ主な内容
- 気持ち
- 小説

Berlinale Palast

FAN AREA

KINO UND THEATER

| Hören | 聞いてみよう |

35 Marleneはよく映画を観に行きますが、ある日ものすごく感動する映画に出会い、すぐ誰かにその気持ちを共有したくなりました。夜WGに帰ってから、まだ寝ていなかったMartinに話しかけます。 Marlene geht oft ins Kino, aber ist von dem Film, den sie nun gesehen hat, besonders begeistert. Als sie abends in die WG kommt, spricht sie mit Martin darüber, der noch wach ist.

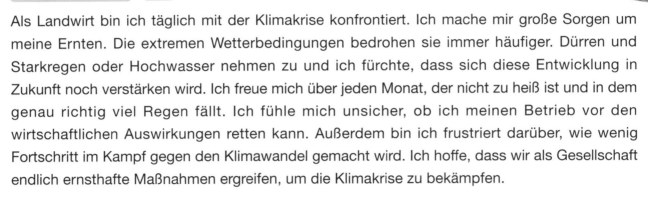

Gefühle ausdrücken

Lesen 読解

Als Landwirt bin ich täglich mit der Klimakrise konfrontiert. Ich mache mir große Sorgen um meine Ernten. Die extremen Wetterbedingungen bedrohen sie immer häufiger. Dürren und Starkregen oder Hochwasser nehmen zu und ich fürchte, dass sich diese Entwicklung in Zukunft noch verstärken wird. Ich freue mich über jeden Monat, der nicht zu heiß ist und in dem genau richtig viel Regen fällt. Ich fühle mich unsicher, ob ich meinen Betrieb vor den wirtschaftlichen Auswirkungen retten kann. Außerdem bin ich frustriert darüber, wie wenig Fortschritt im Kampf gegen den Klimawandel gemacht wird. Ich hoffe, dass wir als Gesellschaft endlich ernsthafte Maßnahmen ergreifen, um die Klimakrise zu bekämpfen.

Redemittel 便利なフレーズ

- sich⁴ freuen, sich⁴ fürchten, sich⁴ sorgen, sich⁴ ärgern
- sich⁴ <x> fühlen; x: glücklich, gut, erleichtert, / müde, unsicher, unwohl, schlecht
- 心情に関する形容詞: begeistert, dankbar, zufrieden, / deprimiert, frustriert, verärgert
- 事情に関する形容詞: besorgt, enttäuscht, hoffnungsvoll, optimistisch, skeptisch

Schreiben 作文 下の検索キーワードを使って調べてみましょう

環境保全に関して個人的な思いを表現しましょう Drücken Sie Ihre Gefühle zu Klimaschutzproblemen aus

前のLektionは客観的な立場を取り、さまざまな問題を説明しました。このLektionでは、それらの問題を主観的に考えましょう。クラス内の意見があまり違わないようであれば、他人の視点をとり、より多様な意見を集めてみてください（例えば、活動家・農家・災害に遭った人・一般市民などの思いについて）。感情表現だけではなく、どういう事情でそうした気持ちになったのか、そして何が変わると気持ちもどのように変わるかについてドイツ語で説明しましょう。Formulieren Sie schriftlich Ihre Gefühle zu einem bestimmten Thema und beschreiben Sie die Umstände, die Sie dazu geführt haben. Denken Sie sich für die Lerngruppe bestimmte Stereotypen aus, wenn Ihre Gedanken sich nicht hinreichend unterscheiden sollten.

Sprechen 話してみよう

クラスで集めた意見を発表し合いましょう。それぞれの人物や環境の写真があればより話が進むでしょう。互いの意見を交換し、自分の立場から人の気持ちに反応してみてください。このLektionでは、反論まではしなくて良いので、ひとまず自分の気持ちだけを述べ合いましょう（例えば、活動家が排気ガスを減らしたいという場合は、巨大なトラックを使う農家に影響を与えますので、そうなった場合の気持ちをお互いに相手に伝えましょう）。Tragen Sie die Gedanken vor und reagieren Sie auf die Meinungen von anderen.

Quellen zur Recherche 資料を調べてみよう

- Deutscher Paritätischer Wohlfahrtsverband Klimaschutz 検索
- Deutscher Bauernverband Klimawandel 検索

Über Literatur sprechen

Lesen　読解

Dirk Fleck ist Autor des Romans *GO! Die Ökodiktatur*. Er ist das erste Mal im Jahr 1993 erschienen. Der Roman beschäftigt sich mit dem Problem der Erderwärmung. Die Handlung spielt im Jahr 2040 und beschreibt die neuen Verhältnisse auf der Erde. In der Erzählung gibt es die sogenannten zwölf Grundgesetze. Bei den heutigen Grundgesetzen stehen die Menschen an oberster Stelle, aber in dem Roman von Dirk Fleck ist die Umwelt das wichtigste Gut. In dem Roman muss sich jeder Bürger und jede Bürgerin in einem bestimmten Alter für den Erhalt der Erde engagieren. Wenn jemand ein Grundgesetzt bricht, dann muss er oder sie in ein sogenanntes „Stadtlager" gehen. Außerdem gibt es in dem Roman beispielsweise ein Bau- und Reiseverbot. In dem Roman gibt es nicht nur einen, sondern viele Protagonisten.

Redemittel　便利なフレーズ

- Autor/-in, Erzähler/-in, Erzählung, Figur, Handlung, Hauptfigur, Protagonist/-in
- Der Roman handelt von ...; Es geht um ...
- Die Handlung spielt in ...; Ort der Handlung ist ...
- Die Handlung wird erzählt aus der Perspektive von ...
- Der Roman beschäftigt sich mit dem Thema ...

Schreiben　作文 　下の検索キーワードを使って調べてみましょう

文学をとおして環境問題について考えましょう　Denken Sie über Klimaschutz anhand von Literatur nach

環境問題をテーマにした小説を調べましょう。そうしたジャンルを紹介するホームページからいくつかの小説の概要を読み、簡単にまとめてみてください。その後、その中から一編を選び、クラス内で担当範囲を決めましょう。自分が担当する部分を簡単にまとめ、作品内で提示されている問題に対して意見も書きましょう。 Wählen Sie sich ein Buch, das Klimaschutz thematisiert, und teilen Sie die Abschnitte in der Lerngruppe auf. Fassen Sie Ihren Teil einfach zusammen und formulieren Sie Ihre eigene Meinung dazu.

Sprechen　話してみよう

自分が担当した範囲をクラスの全員と共有し、小説の全体を理解しましょう。それぞれが用意した意見も比較し、小説の中で示されている課題やその書き方についてフリートークという形で話し合いましょう。 Teilen Sie Ihre Ergebnisse untereinander und sprechen Sie über das im Buch vorgetragene Thema.

Quellen zur Recherche　資料を調べてみよう

- Margret Boysen: *Alice, der Klimawandel und die Katze Zeta*
- Dirk C. Fleck: *GO! Die Ökodiktatur. Erst die Erde, dann der Mensch*
- Petra Postert: *Das Jahr, als die Bienen kamen*
- Liane Schneider und Janina Görrissen: *Conni kümmert sich um die Umwelt*
- Jörg und Jona Steinleitner: *Juni und der Honigdieb*

ドイツの話 Über Deutschland

Zeit der Besatzung in Berlin
ベルリンの占領時代

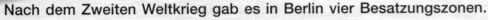

Nach dem Zweiten Weltkrieg gab es in Berlin vier Besatzungszonen. Der Ostteil gehörte zur Sowjetunion und der Westteil zu den USA, Großbritannien und Frankreich. Westberlin war deshalb eine Enklave von Westdeutschland. Zu dieser Zeit war die provisorische Hauptstadt Deutschlands Bonn. Auch heute noch kann man die Auswirkungen der Stadtteilung beobachten.

東西ベルリンの時代の影響は、現在のベルリンでも相変わらず見られます。例えば、各占領地に空港があったので、しばらくはベルリンに四つの空港がありました。空港名は地名に由来し、Gatow, Tempelhof, Tegel, Schönefeldという名前がついていました。空港は徐々に閉港され、Lektion 3にあったように今は一つしかありません。特にTempelhofとTegelは街の中心部にあるので、その広大な土地の有意義な使い方が検討され、Tegelに関して言えば今なお検討の段階です。Tempelhofは、建物を作らず、市民に使ってもらう方針が決まり、現在は公園としてさまざまなイベントのために利用されています。もちろん散策も可能です。このように、普段一つしかないはずのものがベルリンには複数存在するといったことがいくつかあります。例えば動物園や中心部です。

他に東西ベルリン時代をよく窺えるのは、道の名前です。右は占領時代のベルリンの地図ですが、番号は現在のベルリンに存在する道の名前を指しています。

1：Rue Ambroise Paré, Rue du Dr. Roux
2：George-Caylay-Straße, Rex-Waite-Straße
3：Clayallee, Taylorstraße
4：Karl-Marx-Allee
5：Allee der Kosmonauten

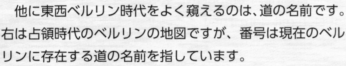

DEUTSCH　ドイツ語のことわざや不思議なドイツ語コーナー
Deutsche Sprichwörter und witziges Deutsch

Faustdick hinter den Ohren haben 「耳の後ろにこぶしが入るぐらい」
etwas hinter die Ohren schreiben 「耳の後ろに書いておく」

前者は「**まったく抜け目がない**」という意味ですが、悪いニュアンスがあります。昔はいたずらや悪知恵の悪魔は耳の後ろにいると思われていました。その悪い要素が特別に発達したら、こぶしと同じぐらい大きな悪魔になると譬えられました。後者は大事なことを「**よく覚えておく**」という意味で、親が子供に対して叱り気味の注意をするときに使います。

Ne Bulette ans Ohr labern 「耳に肉団子を喋り付ける」

聞きたくもない非常に長い話を聞かされたときに使います。この表現は地域によって違い、上のバージョンはベルリン版です。

Lektion 15
Statistiken und Medien

Lektion 15 で学ぶ主な内容
- 統計と図表
- メディア

Informationen zum Zensus 2022
Das Wichtigste im Überblick

DESTATIS
wissen. nutzen.

STATISTISCHES BUNDESAMT
Gustav-Stresemann-Ring 11

Hören　聞いてみよう

36

Yoshizaneのところに、ドイツ連邦統計局から新聞や雑誌の利用度を調査するための
アンケートが送られてきました。アンケートの案内には昨年のデータも紹介されてい
ます。YoshizaneはMartinと相談します。

Yoshizane hat per Post eine Aufforderung zur Teilnahme an einer Umfrage erhalten. Der Brief enthält
auch die Daten vom letzten Jahr. Er spricht mit Martin darüber.

Über Statistiken sprechen

Lesen　読解

Die linke Graphik in Rot zeigt die Größe der einzelnen Bundesländer in Deutschland. Die rechte Graphik in Orange zeigt die Zahl der Einwohner jedes Bundeslandes pro km^2. Die Daten stammen aus dem Jahr 2021. Durch die Graphik kann man sehen, dass Bayern und Niedersachsen die beiden Bundesländer mit der größten Fläche sind. Man sieht außerdem, dass die mit Abstand kleinsten Bundesländer Bremen, Hamburg, Berlin und das Saarland sind. Allerdings zeigt die zweite Graphik, dass Bremen, Hamburg und Berlin besonders hohe Einwohnerzahlen gemessen an ihrer Größe haben. Außerdem verdeutlichen die Graphiken, dass Nordrhein-Westfalen eine hohe Bevölkerungsdichte hat, obwohl es eines der größten Bundesländer Deutschlands ist.

Redemittel　便利なフレーズ　

- Laut dieser Statistik ...; Die Zahlen zeigen / verdeutlichen, dass ...
- Die Statistik gibt Aufschluss darüber, dass ...; Es lässt sich erkennen, dass ....
- Eine Tendenz, die man aus diesen Zahlen ablesen kann, ist ...
- Der Anteil / Prozentsatz von ... hat sich erhöht / verringert.; Im Vergleich zu ... ist der Anteil / Prozentsatz von ... höher / niedriger.
- Die Graphik zeigt / verdeutlicht ...; Man kann der Graphik entnehmen, dass ...

Schreiben　作文　　下の検索キーワードを使って調べてみましょう

統計をとおしてドイツを知りましょう Kommen Sie über Statistiken mit Deutschland in Kontakt

ドイツの連邦統計庁（Statistisches Bundesamt）は多くのデータを管理しています。テーマもさまざまで、例えば「社会と環境（Gesellschaft und Umwelt）」や「連邦州と地域（Länder und Regionen）」というカテゴリーがあり、中にはさらに細かいテーマが含まれています。まずは、どのような分野のデータが収録されているかを見ておきましょう。全体像が掴めたら、クラス内の担当を分け、一つの統計をピックアップし、ドイツ語で説明しましょう。

Werden Sie mit den Themen auf der Seite des Statistischen Bundesamts vertraut und wählen Sie danach in mehreren Gruppen jeweils ein Thema aus. Fassen Sie dann eine Statistik aus dieser Kategorie auf Deutsch zusammen.

Sprechen　話してみよう　

自分が調べた統計をプレゼンテーションしましょう。発表する際は、データそのものを挙げるだけではなく、なぜ特定の傾向や数字があるかについて推測も述べましょう。発表が終わったら、フロアから質問を受けましょう。Stellen Sie Ihr Ergebnis vor und äußern Sie Vermutungen über bestimmte Entwicklungen. Antworten Sie auch auf Fragen vom Publikum.

Quellen zur Recherche　資料を調べてみよう

- Statistisches Bundesamt　検索

Über Medien sprechen

Lesen 読解

A: Wie oft in der Woche schauen Sie fern?

B: Ich mache jeden Tag den Fernseher an. Ich schaue meistens von 20 bis 24 Uhr.

A: Welche Fernsehsender sehen Sie am liebsten?

B: Ich sehe besonders gern ARD; und RBB, weil ich lokale Nachrichten mag.

A: Haben Sie eine Lieblingssendung?

B: Ja, meine Lieblingssendung ist der Tatort. Ich sehe ihn jedes Mal und ich finde es spannend, dass die Handlung immer in einem anderen Teil von Deutschland stattfindet.

A: Schauen Sie die Sendung eher live oder im Internet?

B: In der Regel sehe ich über die Mediathek fern. Nur den Tatort möchte ich immer live sehen. Ich mag es, wenn die Woche mit dem Tatort ausklingt.

Redemittel 便利なフレーズ

- Welche deutschen Fernsehsender kennen Sie?
- Welche Art von Sendungen schauen Sie am liebsten?
- Wie viel Zeit verbringen Sie pro Woche damit, fernzusehen?
- Welche Arten von Fernsehkanälen gibt es im deutschen Fernsehen?
- Schauen Sie eher Fernsehen live oder über eine Mediathek?

Schreiben 作文 下の検索キーワードを使って調べてみましょう

ドイツの公共放送局について詳しくなりましょう Lernen Sie die Öffentlich-Rechtlichen Fernsehsender kennen

ドイツのテレビには、放送局が多くありますが、まずは公共放送に絞りましょう。一番大きいものはARDとZDFで、その中にいくつかの別のチャンネルが含まれています。例えばRBB（ベルリン・ブランデンブルク放送局）やNRD（北ドイツ放送局）です。まずはクラスを２つに分け、ARDとZDFの印象をまとめましょう。さらに、各地域の担当グループも決め、地域チャンネルも調べましょう。イメージがある程度湧いてきたら、いつどのような番組があるかについて簡単な説明を書きましょう。Teilen Sie die Lerngruppe in zwei Hälften und informieren Sie sich jeweils zum ARD oder ZDF. Recherchieren Sie danach in Kleingruppen zu den regionalen Sendern. Schreiben Sie am Ende eine einfache Vorstellung dieser Fernsehsender.

Sprechen 話してみよう

今度は、各グループでARDもしくはZDFについてロールプレイをしながら紹介しましょう。放送局の全体を簡単に説明した後、質疑応答という形で好きな番組やテレビを観る習慣について話し合いましょう。より多様なキャラクターを登場させるために、演じる人物は自分の実際の興味や習慣と関係なくても構いません。Stellen Sie die Sender vor und tauschen Sie sich anschließend über Ihre eigenen Fernsehgewohnheiten aus.

Quellen zur Recherche 資料を調べてみよう

- | ARD | 検索 |
- | ZDF | 検索 |

ドイツの話　Über Deutschland

Weihnachten
「聖夜」クリスマス

Weihnachten ist für viele Deutsche eines der wichtigsten Familienfeste im Jahr. Weihnachten beginnt am Nachmittag des 24. Dezember und danach folgen der erste und zweite Weihnachtsfeiertag. Zu Weihnachten gibt es besonderes Weihnachtsessen, man tauscht Geschenke aus und einige gehen auch in die Kirche.

　ドイツのクリスマスは、意味合いとしては日本の正月に相当するイベントです。初日は各家族で過ごし、その後は親戚の家を訪れクリスマス料理を一緒に食べることが多いです。逆にドイツでは、大晦日は友達と過ごすほうが主流です。クリスマスの由来は宗教にあるものの、今日では宗教的な自覚がある上でそれらの習慣を継承している人は少ないでしょう。したがって、キリスト教徒であるからクリスマスを祝うという人は決して多いとは言えません。それより大事だと思われる要素は、家族が集うことなのです。

　クリスマスに欠かせないのは、クリスマスツリー（Weihnachtsbaum）です。11月末から街中でいくつかのツリー売り場ができます。ホームセンターや園芸店で売られることもありますが、クリスマス期間に限って新たにできる売り場も多数あります。早い者勝ちなので、24日ごろではなく、何週間か前に買っておき、すぐ飾らない場合はバルコニーか庭で仮置きします。実際ツリーを飾る日は家庭によって違い、早い人は24日の4週間前、遅い人は24日当日に飾ります。ツリーを捨てる日も人それぞれで、12月下旬から1月上旬の間になります。そして捨て方ですが、その期間に限ってクリスマスツリー回収車は街中を走りますので、近くの公道の歩道で捨てればそのうち回収されます。ツリーは水につけますが、1週間以上飾るので、かなり乾燥してしまい、針葉が落ちやすくなります。そのため、マンションに住む人は廊下が落ち葉でたいへんなことにならないようにバルコニーから落としたりします。

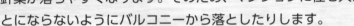

ドイツ語のことわざや不思議なドイツ語コーナー
Deutsche Sprichwörter und witziges Deutsch

Einem geschenkten Gaul schaut man nicht ins Maul
「贈られた駄馬の口の中を見てはいけません」

「**もらいものには文句を言わない**」という意味ですが、このことわざの由来は馬の購入方法にあるそうです。馬の金額が適切かどうかを判断するには、口の中を見て馬の年齢を確認するのが最も良いと言われています。それと反対に、贈られたものは同じように細かくチェックせず、まず感謝するのが礼儀になっています。

Schnapsidee　「お酒の思いつき」

ばかげた思いつきを意味しますが、明らかにお酒をかなり飲んだときにしか思い浮かばないような考えを指します。

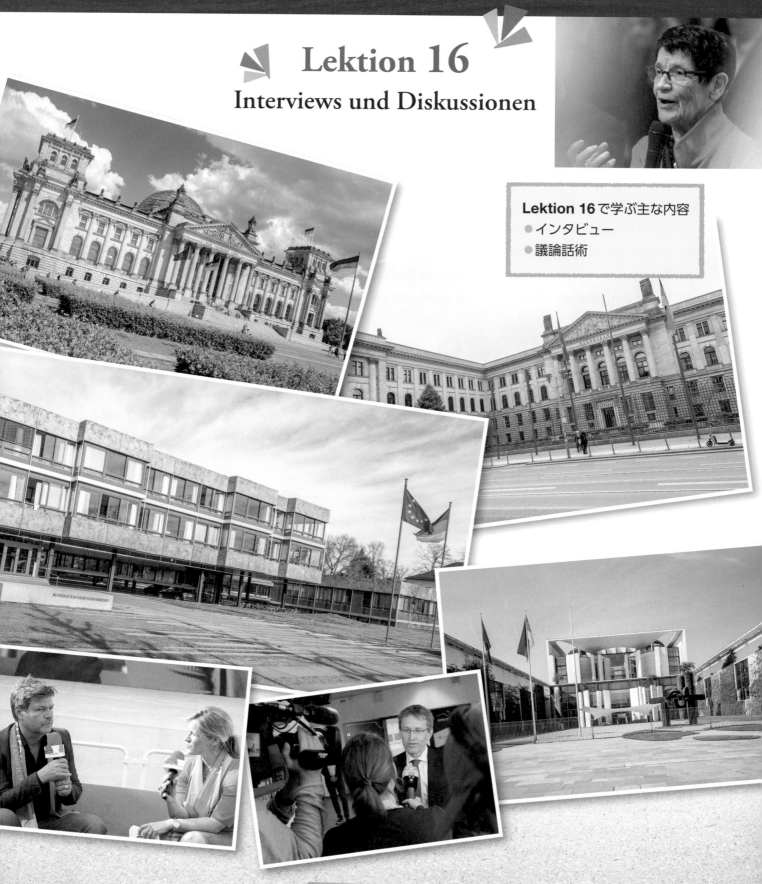

Lektion 16
Interviews und Diskussionen

Lektion 16 で学ぶ主な内容
- インタビュー
- 議論話術

Hören　聞いてみよう

次年度から学期費が上がるという噂を聞き、学生組合に入っているHannahは意見書の準備で忙しくなって、さまざまな学生の意見を集めています。WGのみんなの声も聞きたくて、まずはMartinに簡単にインタビューすることにしました。Die Semestergebühren sollen erhöht werden und Hannah bereitet als Teil einer Studierendenvereinigung eine Stellungnahme vor. Sie sammelt dazu auch die Stimmen aus ihrer WG und interviewt zunächst Martin.

Interviews führen und verstehen

Lesen 読解

A: Europa verändert sich dramatisch. Tut es Ihnen leid, Herr Schmidt, jetzt nicht mehr Bundeskanzler, nicht mehr handelnder Politiker zu sein?

B: Nein, es tut mir nicht leid. Das hat mir auch schon einen Tag nach meinem Ausscheiden nicht leidgetan. [...] Was mir leidtut, das ist der Dilettantismus [...].

A: Wenn Sie von Dilettantismus der heute Regierenden sprechen, dann klingt da [...] die Überzeugung [an]: Ich hätte es besser gemacht.

B: Nicht ich, aber es müsste besser gemacht werden. [...]

("Helmut Schmidt: Große Würfe – Kleine Schritte"より)

Redemittel 便利なフレーズ

- Einleitung: Herzlich willkommen. Wir sprechen heute mit ... über ... .
- Fragen stellen: Können Sie uns mehr über ... erzählen? / Was denken Sie über ...? / Was halten Sie von ...? / Wie stehen Sie zu ...? / Wie sehen Sie ...?
- Nachfragen: Können Sie das bitte näher erläutern? / Können Sie das noch einmal erklären? / Das heißt, Sie denken, dass ... . Sehe ich das richtig?
- Zusammenfassung: Lassen Sie uns zusammenfassen, was wir besprochen haben.
- Verabschiedung: Vielen Dank, dass Sie Zeit für das Interview hatten.

Schreiben 作文 下の検索キーワードを使って調べてみましょう

ドイツのテレビでのインタビューに馴染みましょう Werden Sie mit Interviews im deutschen Fernsehen vertraut

ARDやZDFのインタビューを見てみましょう。ARDとZDFの共同チャネルとしてPhoenixがあり、そこではインタビューを中心に見ることができます。インタビューされる人は、政治家・一般市民・農家など、自分の関心に合わせてインタビューを選んでください。インタビューの構造やパターンとなるフレーズなどを聞き取った上で、自分でも新しいインタビューを作りましょう（内容を変えるにあたっては、例えば同じ問題について違う立場から答えると良いでしょう）。Sehen Sie sich Interviews im ARD, ZDF oder auf Phoenix an. Wählen Sie ein Interview, das Sie besonders interessiert, und notieren Sie sich typisch klingende Formulierungen. Verfassen Sie dann ein eigenes Interview zum selben Thema mit unterschiedlicher Meinung.

Sprechen 話してみよう

まずは用意したインタビューを披露しましょう。それらに続き、同じ場面で別の人がインタビューされる形で、同じテーマについてもう1人の意見を聞いてみましょう（インタビューをスムーズに進めるために、先に担当者を決め、フレーズや用語を準備する時間を与えた方が良いでしょう）。Stellen Sie zunächst Ihr vorbereitetes Interview vor. Interviewen Sie dann eine weitere Person zum selben Thema.

Quellen zur Recherche 資料を調べてみよう

- Phoenix ARD Mediathek 　検索
- Zeitzeugen Portal Helmut Schmidt: Große Würfe – Kleine Schritte 　検索

Diskussionen

Lesen 読解 📖

A: Du sagst, bei den großen deutschen Leitmedien wäre noch mehr Vielfalt möglich. Inwiefern? Was fehlt dir?

B: Ich habe das Gefühl, dass in [...] den letzten Krisen schon immer ein Narrativ verfolgt wurde von den Leitmedien und dass wenig Raum für kritische Stimmen gelassen wurde. [...]

A: Was sagt ihr? Geht ihr einen Schritt auf sie zu? Du schüttelst nur den Kopf. Warum?

C: [...] Ich würde dir Recht geben, dass am Anfang durchaus dieses Narrativ [...] [vorherrschte]. Ich finde aber, dass sich das im Laufe des ersten halben Jahres dann aber auch gelockert hat. [...] Deshalb würde ich dir widersprechen. [...]

A: Hat er Recht? Was sagt ihr?

("13 Fragen: Gibt es genug Meinungsvielfalt in den deutschen Medien?" (17.11.2022) より)

Redemittel 便利なフレーズ 💡

- Wie sehen Sie das?; Was denken Sie darüber?; Was ist Ihre Meinung dazu?
- Ich verstehe Ihren Standpunkt, aber ... .; Könnten Sie bitte Ihren Standpunkt näher erläutern.; Könnten Sie bitte ein Beispiel dafür geben?
- Das sehe ich anders.; Ich denke, wir sollten ... .; Ich schlage vor, dass ... .
- Können wir uns darauf einigen, dass ... .; Wir sind uns also einig, dass ... .
- Ich denke, es gibt Vor- und Nachteile.; Es gibt Argumente für beide Seiten.

Schreiben 作文 ✍️ | 下の検索キーワードを使って調べてみましょう 🔍 |

ドイツの議論番組に馴染みましょう Werden Sie mit deutschen Talk Shows vertraut

ドイツのテレビでは、議論を行う番組が非常に多くあります。政治や社会の問題を議論するトークショーは日曜日から木曜日まで複数あり、それ以外にも不定期の議論番組や文学議論サロンなど、いろいろな種類があります。クラスで全体像をある程度まで把握したら、グループごとに最も関心のある番組の1回分をじっくり視聴し、キーワードやキーフレーズを控えましょう。そこから得た印象をもとに、同じテーマについて司会者を入れて3人以上が参加する議論を自分たちで作成しましょう。Verschaffen Sie sich in der Lerngruppe einen Überblick über die angebotenen Talkshows und wählen Sie danach in der Gruppe eine davon aus. Schauen Sie sich eine Ausgabe genauer an und notieren Sie sich typische Formulierungen. Schreiben Sie dann eine Diskussion mit mindestens drei Personen (inklusive Moderator*in).

Sprechen 話してみよう 👥

クラスの各グループでできた議論を発表しましょう。それに基づいて、観客からも質問や疑問をもらい、それぞれの立場から答えてみましょう。出演する側は、テレビの習慣に倣い最初は簡単に自己紹介しましょう。Tragen Sie Ihre Diskussionen vor. Nehmen Sie dann auch Fragen vom Publikum entgegen.

Quellen zur Recherche 資料を調べてみよう

- | ARD Mediathek Polit-Talks und Politmagazine ; Kultur | 検索 |
- | ZDF Mediathek Politik & Gesellschaft ; Kultursendungen | 検索 |

Lektion 16: Interviews und Diskussionen

ドイツの話 Über Deutschland

Christentum in Deutschland
ドイツとキリスト教

Knapp die Hälfte der Deutschen ist Mitglied in einer Kirche. Die beiden größten religiösen Gruppen sind die Katholische Kirche und die Evangelische Kirche. Beide haben ungefähr 20 Millionen Mitglieder in Deutschland. Die größte Gruppe ist allerdings die der Konfessionslosen. Zu ihr gehören rund 35 Millionen Menschen. Die nächstgrößere Gruppe ist die der Sunniten. Sie hat etwa 2,5 Millionen Mitglieder.

　右上の地図が分かりやすく表しているように、ドイツの主たる宗教には地域性があります。無宗教の人が多いのは旧東ドイツで、カトリックは特に南と西で強く、そしてプロテスタントは中央部から北までの地域に多いです。理由は複雑なのですが、ここでは簡単なものに絞ります。無宗教が多い旧東ドイツの背景には、社会主義あるいは共産主義の、宗教に対する排他的な立場があります。宗教を必ずしも否定しないタイプの社会主義の国も現在はありますが、宗教というものは支配者が庶民をうまくコントロールするための道具だと捉える思想的傾向があります。その最たる例としてカール・マルクスの名言「宗教は大衆のアヘンである」があります。

　では、なぜカトリックとプロテスタントの地域は上記のように分裂したのでしょうか。主な原因は、この教科書の主人公のモデルであるマーティン・ルターの宗教改革でした。当時「ドイツ国民の神聖ローマ帝国」と呼ばれたドイツでは、それぞれの領邦君主の宗教が国民の宗教でした。宗教改革の時代に、北部と東部の領邦君主がルターの宣伝した宗教を支持し、その影響は今日にいたるまで顕著に出ています。

　現在のドイツは、政教分離が原則になっていますので、多くの学校では宗教教育は必修科目ではありません。選択科目として存在するのは、カトリック宗教教育・プロテスタント宗教教育・（特定の宗派や宗教に限定しない）一般的な宗教教育です。また、特に無宗教の人を対象にした倫理教育という科目もあります。宗教離れの傾向もある中、宗教団体は大きな課題に直面している時代ですが、新たなポテンシャルを見出す時期でもあると言えましょう。

 DEUTSCH ## ドイツ語のことわざや不思議なドイツ語コーナー
Deutsche Sprichwörter und witziges Deutsch

Stille Wasser sind tief 「静かな湖は深い」

静かな人を指す表現です。言葉をどんどん発するわけではないけれど、実は奥深い人間だという控えめな人を評価する言い方です。

Pillepalle 「細々」

「**ささいなこと**」を意味し、時間と能力のかからないことを指します。

Ohne Fleiß kein Preis 「努力なくして栄冠なし」

日本語訳のとおりで、**頑張らなければ成果はない**、ということですが、逆に捉えれば、努力は必ず報われるということです。これからもドイツ語の勉強を頑張ってください！

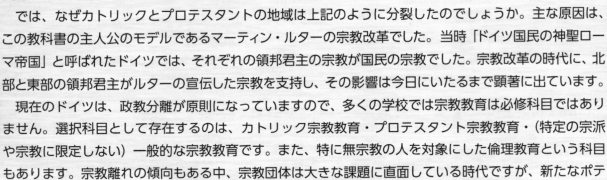

表紙・本文デザイン：メディアアート
写真：著者提供／Shutterstock

ドイツ語シェアハウス
—ドイツの生活、ドイツの社会—

検印
省略

©2024 年 1 月 30 日　　初版発行

著　者　　　　　　　　　　Markus Rüsch

発行者　　　　　　　　　小　川　洋一郎
発行所　　　　　　　　株式会社　朝 日 出 版 社
〒101-0065 東京都千代田区西神田 3-3-5
電話　03-3239-0271 /72
振替口座　00140-2-46008
https://www.asahipress.com/
メディアアート／図書印刷

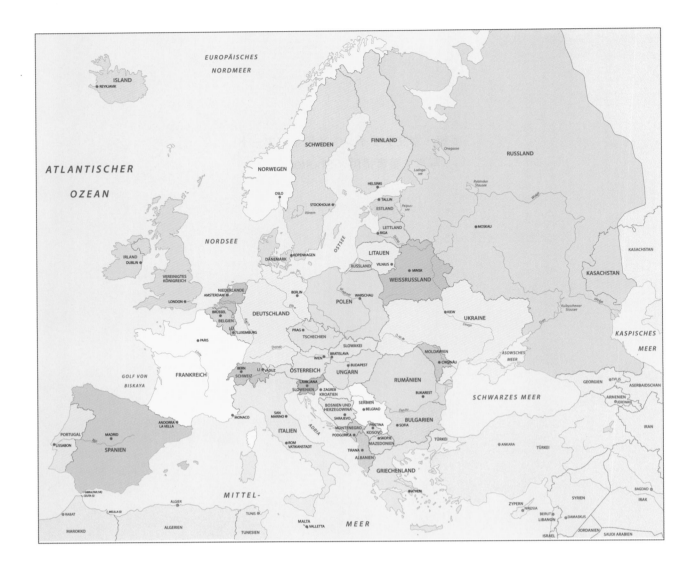